KB097584

서중석의 현대사 이야기 ⑳

서중석의 현대사 이야기

서중석 답하다
김덕련 묻고 정리하다

20

도도한 민주화 물결
전두환·노태우의 항복 선언, 그 후

오월의봄

일러두기

본문의 추가 보충 설명은 모두 김덕련이 정리했다.

책머리에

1

우리는 21세기에 들어와 극렬한 '역사 전쟁'을 겪고 있다. 역사 전쟁은 한국과 일본 사이에, 또 한국과 중국 사이에 벌어지는 것으로 알고 있는 사람들이 많겠지만, 오히려 한국 사회 내부에서 더 치열하다.

사실 최근에 와서야 비로소 역사 교육이 정상적인 길로 들어서는가 싶었다. 박정희 한 사람만을 위한 1인 유신 체제의 망령인 국정 역사 교과서가 21세기 들어 사라졌고, 가장 중요한데도 공백이나 다름없었던 근현대사 교육이 이루어지면서 한국사 교육이 조금씩 자리를 잡아가고 있었다. 이런 흐름을 따라 이제 극우 반공 체제나 권력의 손아귀에서 벗어나 역사 교육이 학문과 교육 본연의 자세로 조심스럽게 나아가는 듯싶었다.

우리 현대사에는 조금 잘될 듯하다가 물거품이 된 경우가 종종 있다. 역사 교육도 그렇다. 교육의 현장이 순식간에 전쟁터가 된 것이다.

2008년 이명박 정권이 들어서자마자 수구 세력은 오염된 현대사를 재교육하겠다고 나섰다. 과거 중앙정보부 간부, 수구 언론 논설위원 등이 포함된 강사들이 서울을 비롯해 전국 각지로 보내져 학생과 교육계, '사회 지도층'을 상대로 현대사 재교육에 나섰다. 강사라기보다 유세객遊說客이라는 표현이 맞겠지만, 이들 중 현대사 전공자라고 볼 만한 사람은 없었다. 현대사 전공자가 아니면 역사학자도 잘 모를 수밖에 없는 한국 현대사, 특히 해방 전후사를 수구 세력 이데올로기 대변자들한테 맡긴 것이다. 얼마나 다급했으면 그렇게 했을까 싶지만 해프닝이나 다름없었다.

거기까지는 그나마 양호했다. 그해 8월 15일은 공교롭게도 정부 수립 60주년이 되는 날이었는데, 특히 이날을 벼르고 벼르던 세력들이 광복절을 건국절로 명칭을 변경해 기념해야 한다고 나섰다. 일부는 뭐가 뭔지 모르고 가담했겠지만, 그것은 역사 교육의 목표, 국가 기강이나 민족정기를 한순간 뒤집어엎고 혼란에 빠트릴 수 있는 위험천만한 행동이었다. 친일파를 건국 공로자로 만들 수 있는 건국절 행사장에는 참석하지 않겠다고 독립 운동 단체가 단호히 선언하고, 독립 운동가들이 자신들이 받은 서훈을 반납하겠다고 강경히 주장해서 간신히 광복절 기념식을 치를 수 있었다.

가을이 되자 일선 역사 교사들에게 날벼락이 떨어졌다. 지금 쓰는 교과서를 바꾸라고 난리를 친 것이다. 모든 권력을 총동원해서 압력을 가해왔다. 그 전쟁터 한가운데에 서서 교사들은 어떤 사념에 잠겼을까. 역사 교사로서 올바르게 산다는 것이 무엇이라고 생각했을까. 그렇지 않으면 기구한 우리 현대사를 되돌아보았을까.

그로부터 5년 후 박근혜 정권이 등장하자 또다시 역사 전쟁이 벌어졌다. 이번에는 역사 교과서를 둘러싼 전쟁이었다. 2004~2005년부터 구체적인 본색을 드러내고 조직적으로 활동하며 수구 세력 내에서 역사 문제에 대해 강력한 발언권을 확보해온 뉴라이트 계열이 역사 교과서를 만든 것이다.

뉴라이트 계열 역사 교과서는 어이없이 참패했다. 일본 극우들이 2001년에 만든 후쇼샤 교과서보다 더한 참패였다. 일제 침략, 친일파와 독재를 옹호했다고 그 교과서를 맹렬히 비판하던 쪽도 전혀 상상치 못한 결과였다. 그 교과서가 등장하기 몇 달 전부터 수구 언론이 여러 차례 크게 보도해 분위기를 띄우고, 권력이 여러 방법으로 지원을 하는 등 나름대로 총력전을 폈으며, 수구 세력이 지배하는 학교 재단도 있었기 때문에 어느 정도는 채택될지도 모른다고 크게 우려했는데 결과는 딴판이었다.

2

왜 역사 전쟁에서 이승만을 띄우는가. 박정희의 경제 발전 공로는 진보 세력 일부도 인정하기 때문에 이제 이승만만 살리면 다 된다고 보기 때문일까. 그렇지 않다. 근현대 역사에서 너무나 중요한 '비결 아닌 비결'이 거기 내장되어 있기 때문이다.

우리에게는 '역사의 죄인'이 있다. 우리 역사에서 제일 큰 죄인은 누구일까. 우선 친일파, 분단 세력, 독재 협력 세력이 쉽게 떠오를 것이다. 이승만을 존경하는 사람들에는 여러 유형이 있다. 친일파, 분단 세력, 독재 협력 세력이 거기 포함된다. 이들은 이승만을 살리고 나아가 그를 '건국의 아버지' '국부'로 만들어놓을 수만 있으면 '역사의 죄인'에서 벗어날 수 있다고 믿는 것 같다. 나아가 이승만이 국부가 되면 권력이나 사회적 지위, 기득권을 계속 움켜쥘 수 있다고 확신하고 있는 것 같다.

역사 전쟁은 수구 세력이 일으키는 불장난이라는 생각이 들 때가 있다. 60~70년 전 역사를 가지고 지금 아무에게도 득이 되지 않는 소모적인 전쟁을 일으킬 필요가 없기 때문이다. 사실을 왜곡하는 일 없이, 개방 시대에 맞게 그 시대를 폭넓게 이해하도록 가르치면 되는 것이다. 문제는 친일파, 분단 세력, 독재 협력 세력은 그렇게 생각하지 않는다는 데 있다. 자연인으로서 친일파는 생명이 다했지만, 정치적·사회적 친일파는 여전히 강성하다. 그러니 자꾸 문제를 일으킨다. 어두운 과거를 떨치고 새 출발을 할 때 보수주의가 자리 잡을 수 있는데, 비판자들을 마구잡이로 '종북'으로 몰아세우고 대통령 선거에서 NLL로 황당무계한 공격을 하는 데서 알 수 있듯이, 그들은 과거를 떨치지 못하고 독재 권력이 행했던 과거의 수법에 의존하고 있다. 이렇듯 수구 세력이 정치적 생명을 연장하려고 하기 때문에 역사 전쟁이 지겹게도 반복되고 있는 것이다.

우리에게는 '역사의 힘'이 있다. 항일 독립 운동과 반독재 민주화 운동이 줄기차게 계속된 것도, 우리 제헌 헌법에 자유·평등의 독립 운동 정신이 담겨 있는 것도 역사의 힘이다. 우리 국민이 친일파, 분단, 독재를 있어선 안 되는 잘못된 것으로 보는 것도 역사의 힘이다. 막강한 힘의 지원을 받은 역사 교과서가 참패한 것도 그렇다. 2014년에 국무총리 후보가 역사의식 때문에 순식간에 추락한 것도 역사의 힘이 아니고서는 설명하기 어렵다. 그런데도 해방-광복 70주년이 되는 2015년에 들어서자마자 역사 교과서를 국정화하겠다는 소리가 들리고, 수구 언론은 과거처럼 '이승만 위인 만들기'에 노력하고 있다.

진보 세력은 역사의 죄인 혐의에서 자유로울까. 현대사 진실 찾기, 역사 바로 세우기를 방기한 것은 어떻게 설명할 수 있을까. 1980년대에 운동권은 극우 반공 세력의 역사관을 산산조각 냈다고 생각하기도 했지만, 그것은 자만이었다. 현대사 진실 찾기를 방기할 때, 그것은 또 하나의 이데올로기이자 도그마로 경직될 수 있었다. 진보 세력은 수구 세력이 뉴라이트의 도움을 받아 근현대사 쟁점에 나름대로 논리를 세워놨는데도 더 이상 자신을 채찍질하지 않았다.

1980년대에 그렇게 현대사에 열을 올리던 사람들 가운데 몇이나 해방과 광복, 광복절과 건국절의 차이를 설명할 수 있을까. 그들은 단정 운동에 대해서 어느 정도 지식을 가지고 있을까. 이승만이 대한민국을 건국한 국부가 아니고 제헌 국회에서 표결에 의해 선출된 초대 대통령에 지나지 않는다는 것은 또 얼마나 알고 있을까. 한 마디로 이승만 건국론이 잘못된 주장이라는 것을 일반 사람들에게 구체적인 사실을 들어 조리 있게 설명해줄 수 있을까. 현대사의 이런 저런 문제를 가지고 생각이 다른 사람들과 논전을 벌일 경우 상대방을 얼마나 설득할 수 있을까.

3

나는 역사 전쟁이 싫다. 특히 요즘은 이제 제발 그만두었으면 싶은 마음이 간절하다. 내가 현대사에 관심을 가진 것이 1960년대 중반부터이니, 반세기라는 긴 세월 동안 극우 세력의 억지 주장이나 견강부회와 맞닥트리며 살아온 셈이다. 하지만 어떡하겠나. 숙명이려니

하고 받아들이지 않을 수 없다.

2013년 6월 제자와 지인들 앞에서 퇴임사를 하면서 이런 이야기들을 전했고, 젊은이들이 발분하여 현대사를 공부해줄 것을 거듭 당부했다. 그러고 나서 얼마 후 프레시안 김덕련 기자에게서 현대사 주제들을 여러 차례에 걸쳐 인터뷰하고 싶다는 요청이 왔다. 그다지 부담이 없을 것 같아 응했다. 한국전쟁부터 시작했다.

김덕련 기자는 뉴라이트가 제기한 문제들을 포함해 여러 가지를 예리하게 추궁했다. 당연히 쟁점 중심으로 얘기가 진행됐다. 그런데 곧 출판 제의가 들어왔다. 출판을 한다면 좀 더 체계적으로 인터뷰를 이끌어가야 할 것 같았다. 그래서 이승만 건국 문제, 친일파 문제, 한국전쟁과 이승만 문제, 집단 학살 문제, 5·16쿠데타 평가, 3선 개헌과 유신 체제, 박정희와 경제 발전 문제, 부마항쟁과 10·26과 광주항쟁, 6월항쟁 등 중요 쟁점을 한층 더 깊이 파고들어가기로 했다.

욕심도 생겼다. 이승만에 대해서는 직간접적으로 다룬 여러 저작과 논문이 있지만, 박정희에 대해서는 두세 편의 논문과 일반적인 글이 있을 뿐이었다. 그렇지만 현대사에서 박정희는 18년이라는 커다란 몫을 가지고 있고, 1960~1970년대의 대부분이 포함된 그 18년은 정치적으로나 경제적으로나 대단히 중요한 시기였다. 그 중요한 시기 동안 박정희가 집권했으니, 그 시기를 통사로 한번 써야 하지 않겠느냐는 의무감 비슷한 것이 있었다. 그러던 차에 인터뷰가 책으로 나오게 된다니, 박정희 집권 18년의 전체 상을 박정희 중심으로 살펴보고 싶은 의욕이 생겼다.

해방 직후의 역사도 1980년대에 와서야 연구되었지만, 박정희 시기도 마찬가지였다. 그 당시 한국인의 대다수가 박정희의 창씨 명을 알지 못했고, 심지어 그가 남로당의 프락치였다는 사실조차 모르고 있었다. 적지 않은 사람들이 막 보급되던 TV 화면에 빠지지 않고 등장하는 박정희의 모습을 그의 참모습으로 알고 있었다. 더욱이 1990년대 중반, 특히 IMF사태 이후 박정희 신드롬이 일어나면서 그는 대단한 능력자로 신비화되기도 했다.

나는 박정희가 쿠데타를 일으켰던 그때부터 이미 박정희의 모습을 지켜보았다. 덧칠하지 않은 있는 그대로의 박정희를 볼 수 있었다. 그는 그렇게 특별한 능력이나 지식을 가진 사람이 아니었다. 다만 권력에 대한 집착이 생사를 초월하도록 강했고, 상황을 판단하는 총기가 있었으며, 콤플렉스도 있었고, 색욕이 과했다.

그런데 나는 박정희의 저작, 연설문집, 그에 관한 여러 연구와 글을 들여다보면서 의외로 일제 때의 군인 경험이 그의 일생에 지대한 영향을 미쳤음을 알게 되었다. 유신 체제, 민족적 민주주의-한국적 민주주의, 민족과 주체성 강조 등 '정치 이념'이 해방 이전의 세계

관에서 먼 거리에 있지 않았다. 일제 때 군인 정신으로 민족, 주체를 강조하게 되었다는 것이 아주 이상하게 들릴지 모르겠지만, 거기에 박정희의 박정희다운 특성이 있고, 한국 현대사의 일그러진 자화상이 담겨 있다.

김덕련 기자와 인터뷰를 하게 된 것은 행운이다. 그는 대학 시절 국사학과에 재학 중일 때 내 현대사 강의를 들었다고 하는데, 현대사 지식이 풍부하고 문제의식이 날카로웠다. 중요 쟁점도 놓치지 않았고 미묘한 표현도 잘 처리했다. 거기다 금상첨화 격으로 꼼꼼하며 자상하기까지 하다. 김덕련 기자와 나는 이러한 작업에 잘 어울리는 좋은 팀이라고 생각한다. 출판에 대해 자신의 철학을 가지고 있고 공들여 편집하느라 애쓴 오월의봄 박재영 대표에게도 감사드린다.

서중석

차례

연표

1987년

1월 14일 서울대생 박종철 고문 사망

2월 7일 2·7 추도 대회

3월 3일 3·3 평화 대행진

4월 13일 전두환, 4·13 호헌 조치 발표

5월 18일 천주교 정의구현사제단, 박종철 고문 사망 은폐·조작 폭로

26일 전두환 정권, 대규모 문책 개각(안기부장 장세동 퇴진)

27일 호헌 철폐 및 민주 헌법 쟁취 국민운동본부(국본) 발족

6월 9일 연세대생 이한열, 시위 중 최루탄 맞고 중태(7월 5일 사망)

10일 6·10 국민 대회

민정당 전당 대회(체육관 대통령 후보로 노태우 선출)

명동성당 농성 투쟁 시작(~15일)

18일 최루탄 추방 국민 결의의 날

26일 6·26 국민 평화 대행진

29일 노태우, 6·29선언

7월 5일 울산 현대엔진 노조 결성(노동자 대투쟁의 기폭제 역할)

9일 김대중 등 2,335명 사면 복권

8월 8일 현대그룹노조협의회 결성(17~18일 울산에서 대규모 투쟁)

18일 공연 금지곡 382곡 중 186곡 해금

19일 전국대학생대표자협의회(전대협) 출범

22일 대우조선 노동자 이석규, 최루탄에 맞아 사망

10월 19일 판금 도서 650종 중 431종 해금

27일 개헌안 국민 투표(93.1퍼센트 찬성으로 확정)

11월 29일 KAL기 폭파. (12월 15일 KAL기 폭파범 마유미[김현희] 서울 이송)

12월 16일 13대 대통령 선거(양김 분열 이용해 노태우 당선)

1988년

4월 26일 4·26총선(여소야대 국회 탄생)

7월 7일 노태우, 7·7선언 발표

9월 17일 88올림픽 개막

11월 3일 국회 5공 특위, 전두환의 일해재단에 대한 청문회 실시

18일 광주 청문회 시작

23일 전두환 부부, 백담사로 '현대판 귀양'

1989년

2월 1일 공산권 국가로는 최초로 헝가리와 수교
3월 25일 문익환 목사 방북
5월 28일 전국교직원노동조합(전교조) 결성
6월 전대협 대표로 임수경 21일 서울 출발, 도쿄와 베를린 거쳐 30일 평양 도착
12월 31일 전두환, 국회에 증인으로 출석

1990년

4월 24일 전국농민회총연맹(전농) 결성
9월 30일 소련과 수교

1991년

9월 18일 남북한 동시 UN 가입
12월 13일 남북 대표, 남북 사이의 화해와 불가침 및 교류·협력에 관한
합의서(남북기본합의서) 서명

1992년

8월 24일 중국과 수교

1994년

7월 8일 김일성 사망

1995년

10월 19일 박계동 의원, 노태우 비자금 계좌 폭로(11월 노태우, 12월 전두환 구속)
11월 11일 전국민주노동조합총연맹(민주노총) 창립

1997년

4월 17일 대법원, 12·12쿠데타 및 5·18사건 관련자들에게 유죄 확정 판결

1998년

6월 16일 정주영, 소 500마리 끌고 판문점 넘어 방북
11월 18일 금강산 관광 시작

2000년

6월 13일 김대중 대통령, 평양 방문.
김정일과 남북 정상 회담 갖고 6·15 남북 공동 선언 발표
8월 15일 남북 이산가족 방문단, 서울과 평양 교환 방문

도도한
민주화 물결

6월항쟁에 무릎 꿇은 전두환·노태우, '6·29선언'에 야당은 대환영

도도한 민주화 물결, 첫 번째 마당

6·26 평화 대행진에 굴복한
노태우의 6·29선언

김 덕 련 1987년 6월 24일 김영삼이 영수 회담 결렬을 선언한 후 전두환과 노태우는 6·26 평화 대행진 상황을 보고 안 되겠다 싶으면 그때 직선제로 가기로 합의했다. 초강경 진압으로도 6·26 평화 대행진을 누르지 못했으니 전두환과 노태우는 뭔가 반응을 보여야 하지 않았나.

서 중 석 6월 29일 오전 9시가 조금 지난 시각, 노태우 민정당 대표위원이 6·29선언으로 알려진, 전두환에게 건의하는 형식으로 되어 있는 특별 선언을 발표했다. 핵심 요지는 이렇다.

첫째, 여야 합의하에 조속히 대통령 직선제 개헌을 하고, 새 헌법에 의한 대선을 통해 1988년 2월 평화적 정부 이양을 실현해야 하겠습니다. 둘째, 자유로운 출마와 공정한 경쟁이 보장되도록 대통령 선거법을 개정해야 한다고 봅니다. 셋째, 그 과거가 어떠하였든 간에 김대중 씨도 사면 복권되어야 한다고 생각합니다. 그리고 극소수를 제외한 시국 관련 사범들도 석방되어야 합니다. 넷째, 기본적 인권은 최대한 신장되어야 합니다. 이번의 개헌에는 구속 적부심 전면 확대 등 기본권 강화 조항이 모두 포함되기를 기대합니다. 다섯째, 언론 자유의 창달을 위해 언론기본법은 대폭 개정되거나 폐지하고 지방 주재 기자를 부활시키고 프레스카드 제도를 폐지하며 지면의 증면 등 언론의 자율성을 최대한 보장해야 합니다. 여섯째, 사회 각 부문의 자치와 자율은 최대한 보장되어야 합니다. 지방 의회 구성은 순조롭게 진행되어야 하고 대학의 자율화와 교육 자치도 조속히 실현되

노태우의 6·29선언을 보도한 1987년 6월 29일 자 경향신문.

어야 합니다. 일곱째, 정당의 건전한 활동이 보장되는 가운데 대화와 타협의 정치 풍토가 조속히 마련되어야 합니다. 여덟째, 과감한 사회 정화 조치를 강구해야 합니다. 폭력배를 소탕하고 강도, 절도 사범을 철저히 단속하고 비리와 모순을 시정해나가야 합니다.

—— 선언 내용, 어떻게 보나.

미래형으로 되어 있는 건 전두환한테 진언하는 형식이기 때문이다. 첫째에서 넷째까지는 그동안 야당과 민주화 운동 세력이 끊임없이 주장한 사항으로, 대개가 1972년 유신 쿠데타 이전으로 돌아가면 되는 것이었다. 첫째부터 넷째까지도 전두환·신군부가 자행한 잘 못을 시정하는 것에 지나지 않고, 다섯째도 전두환·신군부가 언론 탄압을 위해 했던 짓을 그만하겠다는 얘기에 지나지 않았다. 1961년 5·16쿠데타가 일어나면서 폐지한 지방 자치의 경우 지방 자치 단체장 선거는 언급하지 않았다. 즉 제한적인 지방 자치만 얘기한 것이다. 민주당 장면 정부의 지방 자치에 훨씬 못 미칠 뿐 아니라 이승만 정권의 지방 자치 수준에도 못 미치는 주장이었다. 일곱째와 여덟째는 해석하기에 따라 박정희 유신 체제나 전두환·신군부 체제에서도 주장하던 것을 또다시 강조한 것이라고 볼 수 있다. 그중 여덟째는 전두환이 악명 높은 삼청교육대 순화 교육이라는 것을 실시할 때 했던 주장과 흡사한 것으로 파시스트들의 단골 메뉴이기도 하다.

이렇게 보면 노태우의 6·29선언은 그다지 특별한 내용이 있는 게 아니었다. 민주주의를 폭넓게 확장하고 발전시키자는 것이 아니었다. 그저 15년 전의 민주주의 수준으로, 유신 쿠데타 이전으로 돌아가자는 것에 지나지 않았다.

그럼에도 야당과 민주화 운동 세력, 국민들은 놀랄 수밖에 없었다. 첫째에서 다섯 번째까지의 조항이 그동안 전두환 군부 독재 정권이 자행했던 행위와 너무나도 크게 배치됐기 때문이다. 이 선언의 핵심인 대통령 직선제는 그것을 받아들이면 자신들의 권력이 무너지고 자신들이 법의 심판대에 오를 수 있었기 때문에 전두환과 노태우, 민정당이 절대로 받아들일 수 없다고 했던 것 아닌가. 이처럼 박정희 유신 권력과 전두환·신군부 권력을 부정하는 정책을 다른 사람도 아니고 12·12쿠데타 때부터 2인자였던 민정당 대통령 후보 노태우가 얘기한 것 아닌가. 그렇기 때문에 장기간 혹독한 탄압을 받아왔고 탄압 속에서 살아왔던 사람들한테는 대단한 충격일 수밖에 없었다. 한

1987년 6월 25일 김대중의 연금 해제 소식을 듣고 김영삼이 축하 인사를 전하기 위해 동교동을 방문했다. 사진 출처: 연세대학교 김대중도서관

마디로 15년간 계속된 지독한 독재, 지독한 억압 통치가 이제 끝난 것이 아니냐 해서 그렇게 들뜬 것이다.

— 양김은 어떤 반응을 보였나.

이 선언이 공표됐을 때 언론은 노태우가 독자적으로 결단해 6·29선언을 내놓은 것으로 보도했다. 민정당 핵심 당직자는 물론 청와대 수석비서관들도 이 선언이 공표되기 직전에야 알았다고 보도했다. 그렇지만 특별 선언 내용을 잘 읽어보면 사전에 전두환과 합의 또는 교감을 하지 않고서는 나올 수 없다는 것이 분명했다.

양김은 크게 환영했다. 김영삼 통일민주당 총재는 "오랫동안 많은 국민이 피와 땀과 눈물로 싸워온 결실이라는 점에서 늦었지만 진심으로 환영합니다"라고 말했다. 6·29선언에 대해 각별히 많은 생각이 들 수밖에 없었던 사람이 김대중 민추협(민주화추진협의회) 의장이었다. 김대중은 내방객들을 응접실에 두고 혼자 안방에 들어가 특별 선언 발표를 지켜봤다. 그러고 나서 "이제 이 나라의 정치가 새로운 장을 실현해나갈 조짐을 보게 됩니다"라고 소감을 밝히고 "민주화가 될 수 있도록 국민과 협력하는 것이 나의 소원이지 대통령에 대해서는 관심이 없습니다"라고 말했다.

김대중은 이렇게 덧붙이기까지 했다. "그 발표를 듣는 순간 인간에 대한 신뢰랄까 하는 게 번뜩 떠올랐습니다. 독재를 하고 억압 조치를 한 사람도 이렇게 달라질 수 있다는 데 대해 신선한 느낌이 들었습니다."

국본은 "이는 오로지 민주화를 위해 온몸으로 싸워온 전 국민의 위대한 승리로서 민족사에 길이 빛날 새로운 지평을 열었다"고 역시 긍정적으로 평가했다. 특별 선언 이틀 후인 7월 1일 전두환은 노태우의 시국 수습안을 전폭적으로 지지한다고 밝혔다.

초미의 관심사가 된 김대중 출마 문제…
양김 "80년과 같은 우매한 짓 하지 않겠다"

―― 6·29선언에서 언급한 직선제 개헌 문제는 김대중 사면 복권과 뗄 수 없는 관계를 맺고 있지 않았나.

6·29선언이 나온 그 순간부터 사람들은 김대중의 대선 출마 여부에 엄청난 관심을 보였다. 1986년 11월 5일 김대중이 "대통령 직선

제 개헌을 현 정권이 수락한다면 비록 사면 복권이 되더라도 대통령 선거에 출마하지 않겠다"고 천명한 바가 있는데도, 이상하게도 사람들은 문제가 그렇게 간단하다고 느끼지 않았던 것 같다. 내외신 기자들도 그 문제에 대해 아주 강하게 물어봤다.

그러한 질문에 시달릴 대로 시달린 김대중과 김영삼은 7월 1일, 전두환이 특별 선언을 수용한다고 밝힌 그날 오전 민추협에서 "두 사람의 단합을 염원하는 국민의 뜻을 우리는 결코 어기지 않을 것"이라고 공개 선언했다. 이날 김영삼은 "김 의장과 나는 국민과 세계에 약속한 네 가지 사항을 분명히 지킬 것"이라며 그 내용을 설명했다. 네 가지는 "▲현 정권의 일관된 정책은 두 김 씨를 갈라놓는 것이지만 우리는 절대 흔들림 없고 한 치의 간격도 없이 단합하며, ▲민주화가 될 때까지 또 그 이후에까지 협력하며, ▲우리는 절대로 표 대결로 싸우지 않겠으며, ▲(19)80년과 같은 우매한 짓을 하지 않으며 국민을 위해 어떤 희생도 감수한다"는 것이었다.

1980년과 같은 우매한 짓을 하지 않겠다, 이렇게까지 얘기한 것이다. 1979년 12·12쿠데타를 일으킨 전두환·신군부가 1980년 5·17쿠데타를 통해 권력을 탈취하던 그 시기에 '대통령병'이 든 양김이 어떤 짓을 했는지를 양김 자신들처럼 잘 알고 있는 사람은 없었다.

사실 이 네 가지는 똑같은 내용이라고 봐도 좋다. 하도 사람들이 안 믿으니까 네 가지로 나눠 그걸 반복해서 거듭 약속한 것이라고 볼 수도 있다. 김영삼이 이렇게 네 가지 사항을 얘기하자 김대중은 "김 총재의 설명대로 우리는 단결할 것이며 우리는 이제 정치의 마지막 봉사의 길로 들어서고 있다"고 덧붙였다.

전두환·노태우는 왜
군 출동을 그토록 두려워했나

도도한 민주화 물결, 두 번째 마당

6·29선언이 나올 수밖에 없었던 건
계엄 선포나 친위 쿠데타를 할 수 없었기 때문

김 덕 련 1987년 6월항쟁이 절정에 이르렀을 때 노태우가 6·29선언을 발표했다. 왜 이 선언을 발표할 수밖에 없었던 것인가.

서 중 석 6·29선언과 관련된 사항 중 제일 큰 것은 왜 군이 출동하지 않았나, 왜 군을 출동시키지 않았나 하는 문제일 것이다. 단도직입적으로 얘기한다면, 6·29선언이 나오게 된 것은 계엄이 선포되거나 친위 쿠데타가 일어날 수 없었기 때문이다. 그래서 그 선언이 나올 수밖에 없었다고 보는 게 정곡을 찌르는 것일 것이다.

6·10 국민 대회나 그 이후의 시위는 전두환 정권이 누차 강조한 대로 '국기國基'를 흔드는 행위였다. 경찰서와 파출소, 경찰 차량이 불타고 부산시청 등 공공건물이 공격당하고 안기부 지부, 민정당 당사나 MBC, KBS가 불타거나 돌팔매질을 당했다는 것은 치안이 극도의 위기를 맞았다는 뚜렷한 징표였다. 곳곳에서 열차나 전동차가 정지당하고 고속도로가 점거된 것은 치안 유지나 질서를 특별히 강조하는 군부 파시스트들에게는 큰 위기로 받아들여질 수 있었다.

6·10 국민 대회 바로 그날부터 6·26 국민 평화 대행진까지 상황을 보면 경찰은 6월항쟁을 감당할 수 없다는 것이 명백했다. 부산, 대전, 진주뿐만 아니라 서울, 광주, 순천, 여수, 목포, 전주, 익산, 천안, 청주, 대구, 안동, 춘천, 원주, 성남, 안양 등 전국의 많은 곳에서, 또는 전국 어디라고 해도 좋을 정도로 곳곳에서 경찰력의 한계가 뚜렷이 드러났다.

경찰이 치안을 유지할 수 없다면 군부 파시스트 권력이 마지막으로 의존할 게 무엇이겠나. 군대다. 더구나 전두환·신군부는 쿠데타로 권력을 잡지 않았나. 그 경력을 보면 박정희와 마찬가지로 웬만큼 큰 사태만 일어나도 군대를 동원했음직하다. 그런데 끝내 군대를 동원하지 않았다.

— 6월항쟁 시기에 왜 군이 동원되지 않았는지에 대해 그간 여러 주장이 나왔다. 전에 미국의 역할 문제를 중심으로 부분적으로 살폈는데, 이번에는 종합적으로 이 문제를 짚어봤으면 한다. 전두환 정권은 왜 군을 출동시키지 않은 것인가.

그것에 대해 88올림픽을 거론하는 사람도 있다. 실제로 미국 언론에서는 한국에서 위기적 사태가 계속되면 88올림픽을 치를 수 없다는 보도가 나오고 그랬다. 전두환 정권 내부에서도 군이 나오면 88올림픽을 치르기 어렵다는 주장이 나왔다. 군이 나와서는 안 된다는 판단에 88올림픽이 작용한 것은 분명하다. 그러나 88올림픽의 경우 군이 출동하지 않은 직접적 요인이라기보다는 2차적 요인 정도로 보는 게 좋을 것이다.

미국을 거론하는 이들도 있다. 민주화 운동권의 상당수를 비롯해 많은 사람이 미국의 압력 때문에 군이 출동할 수 없었다는 주장을 그 당시에도 했고, 그 후에도 그걸 믿고 있는 사람이 많다. 그러한 생각의 근저에는 이승만, 박정희, 전두환 정권은 미국에 종속돼 있고 군 출동 같은 비상수단은 미국만이 제지할 수 있다는 생각이 깔려 있다. 또 그것에는 전두환이나 노태우, 군은 비상 조치를 취하려 했다는 선입견이 작용하고 있다.

그런데 이 부분도 더 많은 자료를 가지고 면밀히 검토해봐야겠지만, 지금까지 나온 자료를 가지고 얘기할 때에는 미국에서 한국의 시위에 큰 관심을 갖게 되는 건 1987년 6월 17일을 전후한 시기부터다. 미국 의회나 언론에서는 그 이전부터 큰 관심을 가졌지만 미국 정부는 그 시기부터 상당히 관심을 보였다.

레이건 미국 대통령이 보낸 친서가 6월 17일에 도착했고 그걸 19일 오후 2시에 릴리 주한 미국 대사가 전두환을 만나 전달했다. 그 친서에 민주화 관련 사항은 있었지만 군 출동에 반대한다든가 하는 얘기는 전혀 들어 있지 않았다.

다만 릴리는 19일 오후 전두환을 만났을 때 자신이 군 출동에 반대한다는 입장을 표명했다고 회고록에 썼다. 그건 사실로 보인다. 그렇지만 여러 상황을 살펴볼 때 릴리가 한 말 때문에 전두환이 군 출동에 관한 지시를 유보했다고 보기는 어렵다.

재미난 것은 6월 19일 슐츠 미국 국무부 장관이 한 말에 대해 조선일보와 동아일보가 상반된 보도를 했다는 점이다. 6월 20일 자 조간에서 조선일보는 슐츠가 시위를 진압하기 위해 계엄을 선포하더라도 미국은 제재를 가하지 않겠으며, 그러한 제재는 부적절한 것이라고 말한 것으로 설명했다. 반면 같은 날 석간에 동아일보는 '시위 억제 위한 계엄 반대 시사'라고 썼다. 분명한 것은 6월 19일 무렵 슐츠가 군이 나오는 것에 대해 애매한 태도를 취했다는 점이다.

전두환은 19일 오전 10시 30분에 열린 회의에서 군 출동에 관한 지시를 내렸다가 그날 오후 4시 30분경 그 지시를 유보했다. 오전에 군 출동에 관한 지시를 내리긴 했지만, 처음부터 군을 정말 출동시키려 했다기보다는 그런 지시를 통해 군 관계자들이 긴장감을 갖게 하고 출동 태세도 점검하고 비상 조치가 발동될 것이라는 소문도 퍼뜨리는 등 여러 가지를 생각했다고 볼 수 있다. 이날 바로 군을 출동시키려 했다고 볼 만한 증거라고 할까, 자료가 나오지 않고 있다. 그날 오후 2시에 열린 당정 회의에서 논의된 주요 내용을 보더라도 그 점을 확실하게 알 수 있다.

군대를 출동시킬 수 없는 상황이 생겼다면, 전두환에게는 민주화 요구에 굴복하는 것 외에는 다른 뾰족한 수가 없었다. 군 출동을 명령할 수 있는 자는 전두환 한 사람뿐이었다. 그러나 전두환은 군에 출동 명령을 내릴 수 없었다. 전두환이 군을 동원하지 않은 데에는 미국의 압력이나 88올림픽보다 훨씬 더 직접적인 몇 가지 요인이 있었다.

노태우와 민정당은 왜
어떻게든 군 출동을 막으려 했나

── 무엇인가.

우선 대통령직을 승계하기를 전두환이 바라고 있었던 노태우 그리고 민정당에서 군 출동을 바라지 않았다. 군 출동에 관한 지시가 나오고 나서 몇 시간 후인 19일 오후 2시부터 노태우와 이춘구 민정당 사무총장, 안무혁 안기부장, 김윤환 정무1수석, 박철언 안기부장 특별보좌관 등이 청와대 인근 안가에서 당정 회의를 열었다. 말이 당정 회의이지 노태우 대통령 만들기의 주요 인물들이 모인 자리였다. 이 자리에서 이춘구는 4·13 호헌 조치에 대해 국민 투표에 부쳐 민의를 묻자고 제안했다. 이 모임에서는 비상 조치를 발동하더라도 먼저 정치적 대응을 해본 후에 실시해야 하고 지금은 정치력을 보이는 것이 중요하다고 하여 정치적으로 해결할 방법을 논의했다. 안무혁은 오전 군 출동 회의에 참석한 바 있었다.

당시 전두환의 명령은 절대적이었다. 그런데도 당정 회의에서 비상 조치에 반대하는 의견이 나온 것이다. 이건 전두환도 사실은 군을 지금 출동시키려 하지는 않는다는 걸 노태우와 안무혁 또는 민정당 주요 간부들까지 알았기 때문에 그렇게 하자고 했다고 봐야 한다. 또 노태우나 민정당은 군이 출동해서는 안 된다고 판단하고 있었기 때문에 그렇게 주장했다고 볼 수 있다.

오병상 기자의 책에는 전두환에게 군 출동 저지를 건의할 것을 주장한 사람이 '노태우 대통령 만들기' 군부 핵심 모임의 좌장 정호용으로 나온다. 정호용에게 군 출동 사실을 통보해주고 저지를 요청한 사람은 군부 내의 노태우 인맥인 안병호 육본 작전처장과 이문석 육본 작전참모부장이었다. 정호용은 6월 19일 낮 민정당사에서 노태우를 만나 "군대가 나오면 선거고 뭐고 다 끝장이다. 당신이 나서서 군 출동을 저지해야 한다"고 얘기했고, 노태우는 "알겠다"고 대답했다고 한다. 19일 오후 2시 당정 회의는 이와 관련이 있을 수 있다. 이 부분과 관련해 2011년에 출간된 노태우 회고록을 보자.

── 노태우는 어떤 기록을 남겼나.

노태우는 전두환이 19일 오전 군 출동에 관한 지시를 내렸다는 소식을 듣고, 전두환에게 직접 보고할 수 있는 라인에 있는 이기백 국방부 장관, 안무혁 안기부장, 권복경 치안본부장 등에게 이렇게 말했다고 썼다. "어떤 일이 있어도 군의 출동만은 불가하다는 점을 건의해달라." 노태우는 이 회고록에서 전두환이 이러한 건의를 끝까지 받아들이지 않으면 자신의 모든 직위를 걸고서라도 군 출동을 막아야겠다고 결심하고 있었다고 주장했다. 그리고 21일에 열린 민정당의원 총회에서도 비상 조치를 반대하거나 자제해야 한다는 의견이 많았고, 직선제로 정면 돌파해야 한다는 주장도 나왔다.

—— 노태우와 민정당은 왜 군 동원에 부정적인 태도를 취했나.

노태우나 민정당에서 '군이 출동해서는 안 된다. 절대로 안 된다'고까지 주장한 것은 이 사람들이 문민정치를 바랐기 때문이 절대 아니다. 이 사람들이야말로 전두환과 함께 신군부의 핵심으로서 억압 통치, 권위주의 통치를 해온 당사자들이었다. 그렇다면 왜 노태우와 민정당은 어떻게 해서든 군 출동을 막고 정치적 해결책을 마련하기 위해 뛰어다녔을까.

6월 20일 자 동아일보를 보면 이런 지적이 나온다. "강성 분위기가 대두되기도 했으나, 통치권 차원의 비상 조치라는 극약 처방이 일시적 사태 해결에는 도움이 되겠지만 평화적 정부 이양을 통한 집권 2기 재창출을 궁극 목표로 하고 있는 민정당의 입지마저 근본적으로 위태롭게 할 가능성 때문에 결국 정치적 해결책 모색으로 돌아섰다", 이렇게 동아일보가 잘 지적했다. 노태우나 민정당 간부들에게는 군이 나오면 야당만 당하는 것이 아니라 여당도 당할 수 있고, 모든 정치 일정이 새롭게 짜일지도 모른다는 두려움이 있었다.

군이 나올 경우 최악의 상황은 거기서 끝나는 게 아니었다. 한때 노태우 등은 1979년 12·12쿠데타를 일으켜 군 수뇌부를 제거하는 하극상을 벌이지 않았나. 그것에 이어 1980년에는 5·17쿠데타를 일으켜 김종필, 이후락, 박종규 등 박정희 권력의 최고 실력자들을 부패

분자로 낙인찍어 처단했다. 비정한 권력의 세계를 적나라하게 연출한 당사자들이었다. 쿠데타가 일어날 때마다 무서운 칼바람이 휘몰아친 것을 잘 아는 자들이었다. 그렇기 때문에 노태우와 민정당 간부들은 만약 계엄을 선포해 사태가 악화될 경우 이번에는 자기들이 희생양으로 처단될 가능성이 있다는 걸 생각하지 않을 수 없었다.

거의 모든 중앙 일간지는 6·26 국민 평화 대행진 다음 날인 6월 27일 자에 '뜻하지 않은 극한 상황이 나타나지 않아 비상 조치라는 최악의 사태가 초래되지 않은 것에 민정당이 안도의 한숨을 내쉬었다'고 보도했다. 여러 신문이 이렇게 보도한 건 결코 우연의 일치가 아니었다. 6·26 국민 평화 대행진이 극한 상황 없이 이뤄지기를 바란 건 김영삼, 김대중만이 아니었다. 여기서 잠시 내각 문제를 살펴보자.

—— 내각 상황은 어떠했나.

내각에서는 계엄 선포 여부를 심의하게 돼 있지 않나. 계엄을 선포하려면 국무총리와 국무위원들의 부서副署가 있어야 한다, 이 말이다. 그러면 이 시기에 내각 상황이 어떠했느냐. 6월항쟁 직전인 5월 26일에 이뤄진 대규모 개각으로 새롭게 임명된 장관들은 전임자들보다 상대적으로 온건했다. 이때 정호용의 물귀신 작전으로 장세동 안기부장이 물러나고, 이춘구 민정당 사무총장과 가까운 안무혁이 안기부장이 됐다. 5·26 개각 이전 전두환 정권이 취한 거의 모든 초강경 조치에는 전두환의 분신으로 통하던 장세동이 관여하지 않았나. 그러한 장세동이 물러난 것은 전두환이 강경 조치를 취하는 데 커다란 제약 요인으로 작용했다.

이한기 국무총리 서리는 호남 출신으로 온건한 사람이었다. 6월

13일 명동성당 농성 투쟁 등 새로운 사태에 직면했을 때 이한기는 안무혁, 고건 내무부 장관 등이 참석한 청와대 회의에서 경찰의 성당 진입에 반대했다. 이한기는 경찰 간부들에게 최루탄 사용을 자제하라고 당부하기도 했다. 6월 24일 시거 미국 국무부 차관보를 만났을 때에도 인내와 자제로 문제를 풀어나가겠다고 말했다.

6월 19일 오후 전두환은 군 출동 준비 명령을 유보했을 때 그 대신 이한기에게 담화문을 발표하도록 했다. 6월 19일 상황에서 발표하는 담화문이라면, 또 예전 같으면 그 담화문이 굉장히 강경한 협박성 문구로 가득 찼을 터인데 "법과 질서 회복이 불가피해진다면 비상한 각오를 할 수밖에 없다고 본다"는 문구로 발표했다.

전두환이 계엄을 선포하면 '제2의 광주사태'를 몰고 올 수도 있었다. 그러한 계엄에 이한기 국무총리 서리가 동의하려 했을지 의문이다. 이한기가 동의를 거부할 경우 고건 등 일부 온건파 국무위원들이 그것에 동조할 수 있었다. 평화 대행진이 있었던 6월 26일은 취임한 달이 되는 날이기도 했는데, 이한기는 자신이 주재한 회의석상에서 "무력은 최대한 자제해야 한다"고 역설했다.

노태우와 민정당이 반대한 것은 전두환이 군 출동 문제를 결정하는 데 중요한 영향을 끼친 게 틀림없다. 그렇지만 그것 못지않게 직접적으로 전두환한테 영향을 준 것은 군부가 6월항쟁을 진압하기 위해 거리에 나서는 것을 반대하거나 꺼렸다는 점이다. 그 점도 중요한 요인으로 작용했다고 봐야 한다.

군부는 6월항쟁 진압에
동원되는 걸 꺼렸다

— 군부가 6월항쟁 진압에 동원되는 걸 꺼렸음을 보여주는 자료로
어떤 것이 있나.

워싱턴포스트는 1987년 7월 5일 자 기사에서 관리들의 말을 인
용해 이렇게 보도했다. "미국은 비밀 메시지와 공개적인 메시지를 통
해 계엄을 반대했지만", 이건 6월 19일 이후에 그랬는데, "이러한 메
시지보다 전두환 대통령에게 더 중요한 것은 시위를 종식시키기 위
한 군의 동원을 반대한다는 한국 군부 수뇌부들의 메시지였다." 월스
트리트저널은 6월 30일 자에서 서방 외교관들의 말을 빌려, 한국 군
부 내에도 민간인에 대한 계엄 또는 비상 조치를 취하는 것에 반대하
는 온건파가 있다고 보도했다.

에드워드 더윈스키 미국 국무부 차관이 6월 20일에 방한해 24일
까지 머물렀는데, 이 사람은 한국을 떠날 때 이기백 국방부 장관이
계엄 등 군부 개입은 없을 것이라고 말했다고 밝혔다. 이기백 장관
이 더윈스키에게 전두환 정부의 입장을 전한 것인데, 국방부 장관이
그처럼 중요한 발언을 했다는 것은 군부의 동향과 무관하다고 볼 수
없다.

이보다 더 직접적인 자료들도 있다. 박보균 기자는 육사 20기 준
장급 군 후배들의 반대 때문에 6월항쟁 때 군 출동이 강행되지 않았
다는 주장도 있지만, 사실은 당시 군 전체가 병력 동원에 부정적이
었다고 썼다. 박 기자에 따르면 6월 19일 오전 군 출동을 준비하라고
지시한 전두환이 오후에 그 지시를 유보한다고 했을 때 이기백 국방

부 장관과 오자복 합참의장이 '잘됐다'며 안도의 한숨을 쉬었다고 한다. 이것도 같은 맥락일 것이다. 조갑제에 의하면 6월 19일 군 출동 준비 지시에 고명승 보안사령관이 참모 회의를 열었는데, 이때 모두 군 동원에 반대해 고명승은 그날 오후 청와대에 가서 계엄 선포 보류를 건의했다고 한다.

그런데 박보균 기자는 이런 얘기를 했다. "(1980년 5월) 광주의 유혈 비극이 군 수뇌부의 뇌리를 누르고 있었다." 바로 이 점이 군이 출동하지 않은 핵심 이유였다.

군부를 짓누른
광주 유혈 사태의 '악령'

— 광주항쟁의 기억은 6월항쟁 시기 군부에 구체적으로 어떻게 영향을 끼쳤나.

군부가 6월항쟁 때 거리에 나서지 않으려 한 데에는 광주 학살의 기억이 중요하게 작용했다. 군 장교들에게 광주 학살은 그 자체가 악몽 중의 악몽이었다. 이것과 관련해 서구 외교 소식통은 '한국 군부가 그동안 광주사태의 악령에 시달려왔다'고 전하기도 했다. 1980년 5월 광주에서 저지른 유혈 사태 때문에도 그 '악령'에 시달렸지만, 그것이 끝난 후에도 학생들은 물론 재야를 비롯한 사회 각계에서 끊임없이 광주 학살의 책임을 묻지 않았나. 학살에 책임이 있는 자들을 처단해야 한다고 계속 역설했다. 그렇기 때문에도 군은 '광주사태의 악령'에 줄곧 시달릴 수밖에 없었다. 그날이 또 기억난 것이다. 1980

광주항쟁 당시 공수 부대원들이 한 시민을 구타하고
있다. 6월 시위를 진압하기 위해 군이 나서면
광주항쟁 때보다 훨씬 더 심각한 유혈 사태가 일어날
가능성이 컸다. 사진 출처: 5·18기념재단

년 5월 그날 광주에서 자기들이 무슨 짓을 했는가, 그게 기억나지 않을 수가 없었다.

실제로 6월 시위를 진압하기 위해 군이 나서면 광주항쟁 때보다도 훨씬 심각하고 규모가 큰 유혈 사태가 일어날 가능성이 크다고 볼 근거가 많았다. 그렇게 보는 게 맞을 것이다. 노태우는 회고록에 "충성심 강한 군 간부들도 '군이 출동하면 불행한 사태를 맞게 될 것'이라는 의견들이었다"고 써놓았다.

군이 출동할 경우 서울, 부산, 대전, 광주, 전주, 익산, 성남 등 여러 지역에서 돌발 사태가 일어나 엄청난 비극적 상황 또는 파국을 초래할 수 있었다. 광주항쟁 때 시민들이 사생결단하고 특수 훈련을 받은 공수 부대와 정면으로 맞서 싸우지 않았나. 그리하여 3공수, 7공수, 11공수 부대가 광주 시내에서 철수하는 사태까지 벌어지지 않았나. 6월항쟁 때에는 그러한 사생결단 시위가 전국 도처에서, 그것도 동시다발로 일어나고 있었다. 그게 군인들에게는 군이 개입할 경우 언제, 어떤 식으로 터져 나올지 알 수 없는 엄청난 지뢰밭으로 보였다.

뉴욕타임스는 1987년 7월 6일 자에서 몇몇 관리들 말을 빌려 이렇게 보도했다. "한국군 지휘관들이 군부가 과거에 국민들의 뜻에 어긋나는 일에 동원될 때마다 군의 명예가 훼손됐음을 들어 이번에는 사태 개입을 원치 않았다." 이렇게 보도한 것은 군부 나름대로 그때까지 자신들이 여러 차례 쿠데타에 이용됐고 독재 권력의 사병私兵이자 수호자로서 무슨 짓을 했는가를 잘 알고 있었음을 보여준다.

── 6월항쟁 시기에 군이 동원되지 않은 것은 그 이전과 비교해보면 이례적인 일이었다는 생각이 든다. 1961년 5·16쿠데타 이후 여

러 주요 국면에서 군이 등장해 민주화를 가로막거나 짓밟지 않았나.

박정희 유신 체제를 보위한 핵심 장치는 누가 뭐래도 군이었다. 전두환이 언급한 것처럼 박정희는 걸핏하면 군을 출동시켰다. 5·16 쿠데타 외에도 1964년 6·3사태 때 계엄을 선포했고, 그다음 해에는 위수령을 내렸다. 민주 헌정을 유린하고 1인 독재 권력 체제를 만들기 위해 1972년 10·17 계엄을 선포했다. 1979년 10월 부마항쟁이 일어났을 때에도 부산 지역을 맡은 장성만 2관구 사령관이 구태여 군을 동원하지 않아도 된다고 밝혔고 유신 정권 일각에서도 계엄을 선포하는 것에 이견이 있었지만, 박정희는 공수특전단 병력을 비롯해 계엄군을 부산에 보냈다. 자신의 사적 권력 장치인 유신 체제에 반대하는 어떠한 항쟁에도 단호히 대처한다는, 그래서 본때를 보여주겠다는 위압적 조치로 그렇게 한 것이었다.

10·26 이후 12·12쿠데타와 5·17쿠데타로 '서울의 봄'을 짓밟은 것도 군이었다. 광주 학살도 유신 잔당으로 불린 전두환·신군부가 학생, 시민들의 민주화 염원을 짓누르고 권력 탈취를 확실히 하기 위해 군을 동원하면서 발생한 것 아닌가. 전두환·신군부 정권은 처음부터 끝까지 군부가 간여된 정권이었다. 그러한 전두환·신군부 정권의 행위는 군부에 대한 평가로 고스란히 연결됐다.

이처럼 군은 독재 권력을 출현시키고 영속화하면서 민주주의와 민주화 운동, 인권을 유린하는 데 이용됐다. 그렇지만 6월항쟁 때에는 거리에 나서지 않으려 했다. 워싱턴포스트 특파원이었던 돈 오버도퍼는 저서 《두 개의 한국》에 전두환이 군 동원 준비 태세를 지시하자 영관급 장교들과 젊은 장성들이 정호용을 찾아와 '시위대는 정당한 명분을 추구하고 있으며 군대를 동원하면 엄청난 파국이 초래될 것'이라고 말했다고 썼다.

6월의 시위대 함성에는 민주화를 열망하는 각계각층의 염원이 담겨 있었다. 그걸 군인들이 모를 리가 없었다. 그러한 염원을 군홧발로 짓누르다가 돌발 사태가 발생해 1980년 5월 광주와 같은 파국을 다시 맞이한다면 군은 어디에도 설 자리가 없다는 것이 과거 어느 때보다도 명확했다.

군 상급 지휘관들이 두려워한 게 또 하나 있었다. 1960년 4월혁명으로 이승만 정권이 무너질 때 계엄군은 이승만 대통령에게 충성을 바치지 않고 중립을 지키지 않았나. 그것과 마찬가지로, 6월항쟁 진압을 위해 동원된 군이 상부의 명령에 따르지 않을 가능성이 있었다. 그뿐 아니라 12·12쿠데타처럼 하극상을 일으키지 말라는 보장도 없었다.

지금까지 살펴본 것처럼 노태우와 민정당은 물론이고 군 스스로 군이 동원돼서는 안 된다고 생각하고 있었다. 그렇지만 군이 동원되지 않은 가장 큰 이유는 전두환한테서 찾는 것이 더 맞지 않을까 하는 생각이 든다.

6시간 만에 지시 뒤집은 전두환,
그날 군을 출동시키려는 생각이 없었다

── 전두환은 이 문제에 대해 어떤 태도를 취했나.

전두환은 1986년 9월 이래 비상 조치를 발동하겠다고 여러 번

언급했다. 그렇지만 그건 대개 협박용이었다. 1987년 6월항쟁이 일어 났을 때 비상 조치로 이어질 수 있었던 건 6월 19일에 내린 군 출동 준비 지시였다. 그런데 과연 전두환이 이날 비상 조치를 내리려 했느 냐. 여러 가지를 분석해보면 그렇게 보기가 어렵다.

19일 오전 회의에서 군 지휘관들에게 지시한 걸 제외하면 비상 조치와 관련된 다른 어떤 조치도 찾아보기 어렵다. 만일 오전 지시가 계엄 선포 같은 비상 조치와 이어지는 것이었다면 그것과 연결된 여 러 조치를 취했어야 하는 것 아닌가. 그런데 그게 없다. 대통령 공보 비서관 김성익도 《전두환 육성 증언》에서 이종률 공보수석비서관으 로부터 비상 조치에 즈음한 담화문을 작성하라는 얘기를 들었으나 비상 조치의 구체적인 내용은 병력 출동 이외에 나온 것이 없어서 막 상 초안을 쓰려고 보니 병력 배치 관련 사항 이외에는 매우 막연했다 고 지적했다. 여러 가지를 종합해서 볼 때 이날 오전 군 출동 준비 지 시를 내렸을 때조차도 군을 정말 출동시키려는 생각을 했다고 보기 는 어렵다.

6월 17일에 레이건 친서가 도착하자 미국 대사관 쪽에서 면담을 요청했지만 전두환은 그 친서를 갖고 있는 주한 미국 대사를 만나주 지 않았다. 그랬던 전두환이 릴리 대사를 19일 오후 2시에 만난 것도 이상하다. 만약 비상 조치를 취하겠다는 결단을 내렸다면 그런 조치 를 취하고 나서 주한 미국 대사를 만났어야 하는데, 그렇지가 않았다.

─ 6월 19일 그날 전두환은 6시간 만에 군 출동에 관한 지시를 번 복했다. 여러모로 이상한 일이다.

더 이상한 건 군 출동에 관한 지시를 중지한다고 명령한 이유다.

《전두환 육성 증언》을 보면, 1987년 7월 7일 도지사, 치안 관계자 등과 오찬을 하는 자리에서 6월 19일 군 출동에 관한 지시를 철회한 이유에 대해 전두환 본인이 이야기하는 대목이 나온다. 권복경 치안본부장한테 전화해서 "자신 있느냐?"고 물었더니 권복경이 "경찰력만으로 진압에 자신 있다"고 답했고, 그래서 군 출동을 중지시켰다는 것이다.

박희도 육군 참모총장 또한 전두환이 '치안본부장이 경찰만으로 진압에 자신이 있다고 하니 기다려보자'고 19일 그날 자신에게 얘기했다고 밝혔다. 그래서 군 출동 명령을 유보한다고 자기한테 전두환이 지시를 내렸다는 것이다. 어느 쪽을 보더라도 그날 출동 명령을 유보한 건 경찰만으로 진압에 자신이 있다는 얘기를 들었기 때문이라는 점을 말하고 있다.

그런데 대통령이 치안본부장한테 직접 전화한 것도 그렇지만, 뭐라고 답변할지 뻔히 알면서 물어본 건 정말 싱거운 짓 아닌가. 6월 14일 청와대 회의에서도 권복경은 복창하듯이 시위를 진압할 만반의 준비를 갖췄다고 말했다. 그런 권복경에게 대통령이 "자신 있느냐?"고 물어보면 뭐라고 답할지 뻔한 것 아닌가. 아 대통령이 그렇게 물어보는데 어떻게 경찰 책임자가 자신 없다고 답변할 수 있겠느냐, 이 말이다. 자신 있다는 답변이 나오게 돼 있다. 그런데도 전두환은 그렇게 물어봤다. 그건 군을 출동시킬 생각이 없던 전두환이 군 출동에 관한 지시를 철회할 핑곗거리라고 할까 이유를 찾아내려 했던 것이고 그걸 권복경한테 물어보는 방식으로 처리하지 않았겠느냐, 그렇게 해석할 수 있다.

6월항쟁 시기에, 정확히 말하면 6월 19일 이전에 전두환은 군을 동원하지 않겠다는 말을 이미 했다. 6·10 국민 대회 이날도 과거 같으면 군인들이 출동할 수 있었는데, 그다음 날인 6월 11일 학자들을 초청한 오찬에서 전두환은 비상 계엄으로 싹 쓸어버릴 수 있지만 "가급적 군부 동원을 안 하려고 한다"고 말했다. 이것도 《전두환 육성 증언》에 나온다. 13일 명동성당 농성 사태 관련 회의에서도 비상 조치나 계엄 선포 없이 정부 이양을 했으면 좋겠다고 얘기했다. 17일 저녁 노태우, 안무혁 안기부장, 이춘구 민정당 사무총장 등을 불러 노태우를 중심으로 시국 수습안을 마련해오라고 할 때에도 "우리가 과거에 하던 식, 군부를 동원하고 비상 계엄을 선포하는 그런 걸 반복하면 안 되지 않겠어?"라며 군 출동을 배제했다.

군 동원 두려워한 전두환·노태우, "동원된 군이 누구 편에 서게 될지……"

── 박정희 정권 시절 전두환은 세간에서 박정희의 양자라는 얘기까지 들을 정도로 총애를 받으며 권력 지향적 군인으로 살아갔다. 또한 박정희와 마찬가지로 총칼로 권력을 움켜쥐었다. 그런데 툭하면 군대를 동원한 박정희와 달리 전두환은 대통령이 된 후에는 군을 동원하지 않았다. 전두환의 경력과 성격을 볼 때 거리낌 없이 군을 동원했을 것 같은데, 실제로는 그렇지 않았던 것을 어떻게 이해해야 할까.

6월항쟁은 후임 대통령을 뽑는 정권 교체기에 일어난 데다가 전혀 상상하지 못했던 대규모의 폭발적 시위였다. 말 그대로 각계각층이 참여했는데, 학생을 제외하면 종교인이 특히 앞장을 많이 섰다.

더구나 국민적 지지를 등에 업은 민주화 운동이었고, 명동성당 농성 투쟁에 대해 전두환 본인이 얘기한 것처럼 많은 시위 참여자가 사생 결단으로 나서고 있었다. 또한 공권력에 도전하는 위력적인 무력, 이 걸 폭력이라고 해도 좋은데, 그걸 지니고 있었다.

아무리 전두환이라고 해도 이것저것 고려하지 않을 수 없었다. 전두환은 노태우와 민정당이 비상 조치를 바라지 않는다는 점을 무 시할 수 없었다. 또 군이 거리에 나서는 걸 기피하는 것도 전두환을 무겁게 짓눌렀다. 전두환은 노태우 쪽에 정국 수습 방안을 맡기는 등 책임을 분담하고 있었고, 차기 대통령 후보에게 '권력 이동' 상황에서 힘을 실어주지 않을 수도 없었다. 노태우가 대통령이 되는 것이 퇴임 후 자신의 안전에 가장 유리하기 때문에도 힘을 실어줘야 했다. '미 국도, 내각도 군 출동을 좋아하지 않을 것이다', 이런 점도 생각하지 않을 수 없었고 88올림픽 문제도, 이 올림픽을 얼마나 고려했는지까 지는 정확히 알기가 어렵지만, 있었다.

특히 전두환의 뇌리에 항상 떠오른 것이 광주 문제였다. 그 기억 을 어떻게 지울 수 있겠나. 12·12쿠데타에 적극 가담했고 하나회 중 간 보스로 육군 참모총장까지 되는 김진영은 "5공이 12·12로 생긴 무 력 정권이라는 비판과 5·18 광주의 비극이 전 대통령에게 일종의 강 박 관념으로 따라다녔을 것이다"라고 증언했다. 박보균 기자는 광주 의 비극이 전두환을 군 동원의 유혹에서 멀어지게 한 심리적 요인이 라고 분석하는 사람이 많다고 지적했다. 광주항쟁 이후 학생들이 시 위할 때 '광주 학살 원흉 전두환을 처단하라'고 외친다는 것을 전두 환이 모를 리 없었다.

전두환이 군 동원에 소극적인 데에는 다른 이유도 있었다. 4·13 호헌 조치라는 큰 잘못을 저지르지 않았나. 그것이 각계각층의 "호헌 철폐", "독재 타도" 외침을 불렀고 그러면서 6월항쟁으로 가는 중요한 요인의 하나가 됐다. 그런데 전두환에게는 '광주의 추억' 못지않게 중요하다고 생각할 수도 있는 요인이 또 있었다.

── 그게 무엇인가.

전두환은 1986년 11월 1일 3부 요인과 부부 동반 만찬을 하는 자리에서 이렇게 토로했다. "군대라는 데가 이상한 뎁니다. 내가 대통령이 되고 난 지금도 솔직히 무서운 단체가 군대입니다." 1987년 6월 28일 전두환이 김성익 비서를 불러 6·29선언을 수용하겠다는 담화문 작성에 관한 자신의 생각을 들려줬는데 그때 "군대가 나오면 항상 쿠데타 위험이 있어", 이렇게 털어놓았다. 장세동은 전두환이 위기 상황에 힘의 논리로 대처하지 않은 건 군의 성격을 잘 알고 있었기 때문이라고 설명했다.

노태우는 회고록에 더 직설적으로 썼다. "동원된 군이 누구 편에 서게 될지 알 수 없다고 말하는 사람도 있었다." 이렇게 노태우한테 얘기하는 사람이 있었다는 것이다. 그 당시에는 충분히 그럴 수 있었다. 노태우는 한 걸음 더 나아가 "나는 직감적으로 '만일 이번 사태에 군을 동원한다면 이 정권은 무너질 수밖에 없다'는 생각이 들었다", 회고록에 이렇게 썼다.

얼마만큼 군 동원을 두려워하고 피하려고 했는가를, 노태우가 한두 마디 하고 있는 게 아니라 여러 방식으로 회고록에서 얘기하는 걸 볼 수 있다. 바로 지금 얘기한 것, 그러니까 '군을 동원하면 정권이 무너질 수 있다', 6월항쟁 때 비상 조치를 취하지 않은 핵심 이유가 여기에 있다.

전두환으로서는 박정희 같은
비참한 최후만은 피해야 했다

— 전두환, 노태우는 자기들이 한 짓이 있기 때문에 군대의 무서움
에 대해 누구보다도 잘 알았고 그래서 그런 식으로 얘기하지 않
았을까 싶다.

전두환에게 가장 큰 고민거리는 군이 거리에 나갔을 때 과연 시
위를 진압할 수 있을까 하는 점이었다. 아무리 머리를 굴려봐도 그
점에 대해 자신이 서지 않았다. 1980년 5·18 광주 시위 때 3, 7, 11 공
수 여단에 시위 진압 전문 사단인 20사단, 그리고 향토 사단까지 따
라붙었는데 시위를 진압하기는커녕 시위대에 밀려 철수할 수밖에 없
었던 상황을 전두환은 잘 기억하고 있었다. 그런데 이번에는 방방곡
곡에서 광주처럼 사생결단하고 나서지 않았나. 그러니 군대를 풀어
놓는다고 하더라도 성공한다는 장담을 할 수 있겠는가.

전두환은 이번에 계엄을 선포하면 그것이 1961년 5·16쿠데타나
1964년 6·3 계엄, 1972년 10·17 계엄이나 12·12쿠데타, 5·17쿠데타와
도 성격이 크게 다른 군 동원임을 잘 알고 있었다. 지탄받는 독재 정
권에 항거해 민주화, 그것도 직선제를 요구하는 것 아닌가. 그것에
각계각층이 호응하고 남한 각지에서, 그것도 하루 이틀도 아니고 십
여 일 동안 계속해서 "독재 타도"를 외치며 들고일어나고 있는 것 아
닌가. 완전히 민심이 이반된 정권이 아닌가.

전두환은 이와 비슷한 것을 딱 한 번 본 적이 있다. 박정희 유신
말기였다. 그것에 대해 전두환은 6·10 국민 대회 9일 전인 6월 1일 김
성익 공보비서 앞에서 불현듯 뭔가 떠오른 것처럼 돌연히 이렇게 말

1987년 6월 10일 민정당 전당 대회에서 전두환과 노태우가 환호하고 있다. 사진 출처: 국가기록원

했다. "공화당 때는 군부가 흔들렸다. 장기 집권, 부정부패 때문에 박정희 대통령까지 군부의 존경을 받지 못했어. 그게 부마 사태 때도 나타난 거다. 부산에 계엄령을 선포해도 제어가 안 됐었다. 그때 경찰이 데모 진압을 안 하려고 했었어. 김재규가 그런 군부의 동향을 보고 박 대통령을 시해한 것이다."

민심이 이반하면 독재자가 공들여 키운 군부나 경찰이라 하더라도, 전두환은 박정희와 달리 경찰에도 마음을 많이 쏟았는데, 독재자를 버린다는 말이었다. 자신이 무슨 말을 하고 있는지 전두환이 잘 인지하고 있었는지는 모르지만, 전두환은 불현듯 무엇인가가 떠올라 그렇게 독백하듯 얘기했다.

10·26 당시 전두환은 보안사령관이었다. 박정희가 왜 그와 같은 말로를 맞이하게 됐는가에 대해 중앙정보부장 김재규를 제외한다

면 당시 가장 잘 알고 있었을 사람 중 한 명이 바로 전두환이다. 6월 항쟁 때 군을 풀어놓을 경우 시위를 막을 수도 있겠지만, 전두환이 6월 13일 청와대 회의에서 말한 것처럼 "저들이 사생결단의 태세로 나오고 있어" 언제 어디서든 돌발적인 사건이나 사태가 일어날 수 있었고, 시위대에 밀릴 수도 있었다. 또 광주 학살과 같은 유혈 사태로 비화될 수 있었고, 그것은 걷잡을 수 없는 사태로 치달을 수 있었다.

4월혁명 때 청년 장교·사병
학생 시위에 호의적

— 1960년 4월혁명 당시 군은 마지막 순간에 이승만 편에 서지 않았다. 그때와 비교해보는 것도 6월항쟁 당시 군 문제를 파악하는 데 도움이 될 것 같다.

전두환은 5·16쿠데타 직후부터 정치 군인으로 활동했기 때문에 4월혁명 시기 군을 알고 있었다. 4월혁명 때 군인들이 중립을 지킨 것에 대해 일각에서는 미국의 영향을 주장하지만, 그것은 육군 참모 총장으로서 계엄사령관이었던 송요찬한테나 해당하는 주장이다. 장교나 사병들은 3·15 부정 선거에 분개했고 이승만 정권의 독재와 부패에 반발했다. 전두환이 계엄을 선포할 경우 사병들은 물론이고 젊은 장교들이 4월혁명 때처럼 학생 시위에 호의적인 태도를 취할 수 있었고, 그러면서 반전두환 쿠데타로 발전할 때 김재규 같은 무서운 사람이 출현하지 않으리라는 보장이 없었다.

1982년 이철희·장영자 사건 때 전두환의 처삼촌(이규광)까지 엄벌에 처해야 한다고 전두환 자신의 핵심 참모가 주장하지 않았나. 전두환은 그걸 잊을 수 없었을 것이다. 전두환은 '칼자루'를 쥔 무인들의 비정한 권력 세계를 직접 체현한 사람이었다. 12·12쿠데타와 5·17쿠데타를 주도하고 국보위(국가보위비상대책위원회)를 이끌면서 하극상, 대통령 끌어내리기, 대대적인 숙청을 직접 벌인 사람 아닌가. 그게 불과 몇 년 전 일이었다. 그랬던 전두환 자신과 같은 이른바 '패기'가 대단한 군인들이 다시 나타나지 말라는 법이 없었다.

더욱이 보수적인 기독교인들까지 전두환 정권 지지 대열에서 이탈해 6월항쟁에 동참하고 있는 상황 아니었나. 그렇기 때문에 전두환을 처단하는 데 명분을 세우기도 좋았다. '패기'가 대단한 군인들이 '국가적 위기를 수습하겠다'고 하면서 국민의 지지를 등에 업고 전두환을 민주주의의 공적으로 처단하는 건 그리 어려운 일이 아니었다.

전두환은 김재규의 10·26 거사로 꿈에도 생각하지 못했던 대통령 자리를 차지했다. 그래서 자신이 하늘이 점지한 사람 아닌가 하는 생각을 하기도 했지만, 마누라하고 청와대에서 이게 꿈인지 생시인지 서로 꼬집어봤다는 얘기까지 시중에 돌고 그랬는데, 하여튼 박정희처럼 비참한 말로를 맞는 것만은 피해야 했다.

박정희와 다르게 전두환이 6월항쟁에서 군을 동원하지 않은 것은 평가해줄 만하다. 그 점에서 박정희보다 월등 낫다. 그렇지만 전두환은 6월 26일 평화 대행진이 전개될 때에도 비상 조치 카드를 만지작거렸다. 6월 27일 이종률과 김성익을 불러 직선제를 받아들이는 담화를 작성토록 지시했을 때 이런 말을 했다. "어제도 군에서는 비상 출동 준비가 다 돼 있었어. 내가 일단 해제시켜야 되겠구만(인터폰으로 정상 근무토록 하라고 지시)." 6월 26일의 군 비상 출동 준비가 계엄에 해당하는지, 위수령에 해당하는지, 다른 수준의 것인지는 알 수 없다. 확실한 것은 6월 26일에도 직선제 문제에 대해 마음이 흔들리고 있었다는 점이다.

비상 조치 막은 건 미국?
미국은 나중에야 반대했다

── 심복의 총에 목숨을 잃은 박정희의 최후와 6월항쟁 시기 전두환의 선택이 동떨어진 문제가 아니라는 것은 여러모로 흥미로운 대목이다.

일각에서는 '미국이 반대했기 때문에 군이 출동하지 않았다', 이렇게 생각하고 있다. 야당 지도자나 많은 종교인들은 군이 나오는 것을 미국이 막아 민주주의를 구했다고 믿었고, 사대주의에 찌든 친미주의자들을 비난해온 운동권 다수도 그와 비슷한 생각을 갖고 있다.

그러나 미국의 역할은 제한적이었다고 봐야 하지 않을까 싶다. 당시 레이건 미국 대통령은 아주 보수적인 자였고 전두환을 자신의 취임 후 첫 번째 손님으로 초청할 정도로 전두환·신군부 체제를 적극 지원했다. 미국은 직선제에 호의적이지 않았고, 전두환과 민정당의 내각제에 기울어져 있는 '이민우 구상'에 반응을 보였다. 미국은 전두환의 4·13 호헌에 대해서도 불만이 있었지만 전두환 정권에 압력을 넣으려 하지 않았고 밑도 끝도 없는 대화와 타협을 권고했을 뿐이다. 6·10 국민 대회에 담긴 한국인의 염원을 보면서도 미국 국무부는 '압제보다 대화, 폭력보다 타협'을 종용하는 애매모호한 태도를 보였을 뿐이다.

명동성당 농성 투쟁 때에도 릴리 대사가 6월 13일에 경찰이 진입하지 않도록 정부에 요구한 걸 근거로 '미국의 영향력 때문에 공권력이 명동성당에 안 들어간 것이다', 이렇게 주장하는 사람이 있다. 그렇지만 전에도 얘기한 것처럼 그전에 이미 전두환은 "경찰이 성당에 들어가는 선례를 남기고 싶지 않다"고 천주교 전국 교구장한테, 이건 김수환 추기경을 가리키는 것 같은데, 분명히 얘기하라고 지시했다. 릴리가 요구하기 전에 13일 아침 9시 10분에 시작된 회의에서 그렇게 지시했다. 전두환이 그렇게 말하자 기다렸다는 듯이 이한기 총리 서리가 명동성당은 성역이나 다름없다면서 "경찰이 진입하면 심각하니 성당 측이 자진해서 학생들을 풀게 하는 것이 좋은 방법"이라고 말했다. 릴리가 얘기를 꺼낸 건 그 이후다.

　　뉴욕타임스, 크리스천 사이언스 모니터 등 미국 언론들이 지적한 것처럼 레이건 정부는 전두환 정부의 반발을 살 비판을 하고 싶어 하지 않았다. 17일 레이건 친서가 도착하기 전까지 그런 태도를 취했고 레이건 친서라는 것도 애매모호했다. 레이건 정권은 1986년이건 1987년이건 여야가 대화해야 한다는 점만 강조하는 상투적 입장을 보였을 뿐이다.

　　지금까지 쭉 살펴본 것처럼 6월 19일 전두환의 비상 조치를 막은 것은 릴리 대사, 미국 측이라고 보기가 어렵다. 그렇지만 그 후, 즉 20일에 더윈스키 미국 국무부 차관이 방한해서 한 발언에 이어 23일 미국 국무부 동아시아 정책 최고 실무 책임자인 시거 차관보가 내한해 군 출동 반대 의사를 밝히고 민주화를 위한 조치를 촉구한 것은 뒷북친다는 인상을 줄 수도 있었지만, 그러한 발언은 당시 상황에서 상당히 의미가 있었다고 볼 수 있다.

전두환·노태우도 민주화에 큰 공?
수구 냉전 세력의 후안무치한 궤변

도도한 민주화 물결, 세 번째 마당

핵심은 6월항쟁에 굴복해
6·29선언이 나올 수밖에 없었다는 것

김 덕 련 1987년 6·29선언이 어떤 과정을 거쳐 나왔는가를 두고 그간 논란이 적지 않았다.

서 중 석 6·29선언이 어떻게 해서 나왔는가, 그 과정을 보자. 많은 사람이 굉장히 궁금해한 것이 6·29선언의 주역이 노태우냐 전두환이냐, 이것이었다. 처음에는 노태우가 독자적으로 결단해 이 선언을 내놓은 것처럼 보도됐는데 조금 있으니까 정반대로, 그러니까 전두환이 주도한 것처럼 얘기가 많이 돌고 그랬다.

　6·29선언과 관련해 제일 중요한 문제는 6월항쟁에 굴복해 6·29선언이 나올 수밖에 없었다는 점이다. 이 선언에서 노태우와 전두환 중 누가 주역이며 왜 그와 같은 깜짝쇼 형태를 취했는지는 그다지 중요하지 않다. 이 점이 대단히 중요하다. 그런데도 뉴라이트나 수구 냉전 세력, 극우들은 6·29선언에 대해 자기들에게 유리한 쪽으로 해석하려 하면서 그것에만 중요성을 부여하는 걸 볼 수 있다.

'6·29선언으로 우리도 민주화에 큰 공'?
수구 냉전 세력의 후안무치한 궤변

── 지적한 것처럼 6월항쟁에 굴복해 6·29선언이 나올 수밖에 없었다는 게 핵심인데도, 그걸 가리려는 이들이 있다. 예컨대 뉴라이트 계열인 박효종 교수의 주장에서도 그러한 점은 잘 드러난

다. 박효종은 5·16쿠데타를 '혁명'으로 표현하며 긍정적으로 평가하고 유신 체제를 찬양하는 근현대사 교과서를 펴냈던 교과서포럼의 공동 대표를 지낸 인물이다. 2012년에는 새누리당 정치쇄신특별위원으로서 박근혜 후보를 위해 일했고, 박근혜 후보 당선 이후에는 대통령직인수위원회 정무위 간사를 거쳐 2014년 방송통신심의위원회 위원장이 됐다.

박효종은 2007년 '6·29 민주화 선언 알고 있는가'라는 토론회에서 "6·10항쟁 못지않게 6·29선언도 평가받아야 한다"고 주장했다. 6·29선언이 민주주의 이행에서 매우 중요했음에도 폄하되고 있다며, "작은 에피소드 정도로 치부"되는 6·29선언을 6·10항쟁과 "하나의 패키지로 봐야 할 필요가 있다"고 강조했다. "시민들의 요구와 시대정신에 순응해 권위주의를 해체하고자 했던 의지와 선택이 돋보인다"는 것이다. 한마디로 6월항쟁의 성과 중 절반은 6·29선언을 결단한 군부 독재 세력의 것이라는 의미를 담은 주장이었다.

이러한 주장은 수구 세력 역할론을 내세워 자신들도 민주화에 공헌한 것처럼 포장하려는 움직임의 일환이라고 생각한다. 아울러 6월항쟁 이후 '민주화는 너희 공이지만 산업화는 우리 공임을 인정하라'는 모양새를 취했던 수구 세력이 2000년대로 접어들 무렵부터 '산업화는 당연히 우리 것이고 민주화도 알고 보면 우리 것'이라는 궤변을 퍼뜨리는 간교한 전략을 구사한 것과도 닿아 있다고 본다. 이 문제, 어떻게 보나.

그동안 6·29선언과 관련해, 주로 1990년대 초중반에 그런 문제를 가지고 논의를 많이 했지만, 처음 발표됐을 때 보도된 것처럼 노태우의 고뇌에 찬 결단의 산물인가, 그렇지 않고 나중에 전두환 쪽에서 주장한 것처럼 전두환의 주도 아래 나온 작품인가, 이게 한때 화제가 됐다. 후자라면 6·29선언의 주역은 전두환이고 노태우는 전두환의 각본대로 연기한 배우에 지나지 않게 된다.

여기서 특별히 주목해야 할 게 있다. 뭐냐 하면, 이러한 주장의 배후에는 '6·29선언으로 우리도 민주화에 큰 공을 세웠다'는 전두환·신군부와 수구 냉전 세력의 후안무치하고 철면피한 궤변, 견강부회가 자리 잡고 있다는 것이다. 그 점을 잊지 말아야 한다.

거듭 강조하지만 6·29선언과 관련해 제일 중요한 건 6월항쟁에 굴복해 6·29선언이 나올 수밖에 없었다는 점이다. 노태우·전두환은 6월항쟁의 전개 과정을 볼 때 직선제를 제외한 다른 방법이나 방안으로는 민주화 운동 세력에 투쟁의 구실이나 빌미를 제공하고 민주화를 희구하는 민중의 분노에 직면해 자신들이 헤어 나올 수 없는 수세에 계속 빠지게 됨으로써 자칫하면 이승만 정권처럼 몰락할 수 있다는 강한 위기의식을 갖고 있었다. 4월혁명으로 자유당 간부, 장관들이 거의 전부 감옥에 가지 않았나. 그래서 사지死地에 가야 살아날 수 있다는 사즉생死即生의 각오로 살기 위해서, 또 직선제를 하더라도 양김이 대통령 후보로 나올 것이 확실하기 때문에, 그러면 대통령 선거에서 이길 수 있다는 계산으로 직선제를 받아들였던 것이다. 또 6·29 3일 전인 6·26 평화 대행진 시위에 대해서도 얼마나 심하게 탄압 일변도로 나왔나. 그러한 혹독한 탄압, 폭압, 인권 유린 행위를 정권 출범 때부터 6·29선언 발표 때까지 자행하지 않았나.

이들은 바로 이런 점을 애매하게 한다. 그러면서 전두환·노태우 측이 6·29선언을 자발적으로 내놓은 것처럼, 시민들의 저항에 굴복해 어쩔 수 없이 내놓은 게 아닌 것처럼 호도하거나 유도했다. 이런 사람들은 전두환이 1987년 6·10 국민 대회 며칠 후부터 직선제를 하려 했다고 주장하면서 그것에 각별히 의미를 부여하려고 안간힘을 쓰기도 했다.

그뿐 아니라 박정희 유신 체제, 전두환·신군부 체제에 적극 협력했던 정치인이나 언론인 가운데 일부, 그리고 뉴라이트는 '민주화 운동 세력만 민주화에 기여한 것이 아니다. 우리도 중요한 역할을 했다. 권력 내부의 결단에 의한 6·29선언이 단적으로 그걸 입증한다. 권력 내부의 결단으로 6·29선언을 해 평화적 권력 이양이 이뤄진 것은 민주화 운동 못지않게 대단히 중요하고 의미가 있다', 이런 논리를 폄으로써 전두환·노태우와 자신들도 민주화에 공이 있다고 강변했다. 또한 질문에서 얘기한 것처럼 '민주화는 너희 공로이지만 산업화는 우리 공로'라고 예전에 주장하던 것에서 한 걸음 더 나아가 '산업화는 당연히 우리 공로이고 민주화에 대해서도 우리 공로가 인정돼야 한다'는 강변을 하기에 이르렀다.

수구 세력은 6·29선언의 의미를 실제와 다르게 부풀린 것에 더해, 민주화를 이룩한 핵심 세력이 자신들이라는 터무니없는 주장까지 내놓았다. 2011년 3월 4일 열린 《박종철 열사와 6월 민주화 운동》 출판 기념회에서도 그러한 궤변이 난무했다. 지은이는 1987년 박종철 사건 담당 검사 중 한 명인 안상수 당시 한나라당 대표. 이 자리에서는 "6월 민주화 항쟁은 안상수 대표의 양심적인 정의감이 이뤄낸 일"(박희태 국회의장) 같은 듣기 민망한 말이 쏟아졌다. 안상수가 박종철 고문 사망 사건 은폐·조작 문제에서 자유롭지 못하며 "박종철 열사의 의로운 죽음을 자신의 입신을 위해 이용하는 행위를 이제라도 중단하라"(민주열사박종철기념사업회)는 비판을 받고 있다는 사실은 안중에 없었다.
또한 한때 반정부 투사였다가 수구 세력의 일원이 된 이들은 이 자리에서 민주화 운동사를 왜곡하는 궤변을 쏟아냈다. "한나라당이 민주주의를 만들어온 중심 세력이었다."(김덕룡 대통령 특보) "많은 분이 한나라당을 독재당, 민주주의 탄압당이라고 하는데 우리 한나라당에 이렇게 민주주의를 위해 일한 일꾼들이 많다. 민주화 세력의 주류가 우리 한나라당에 있다."(김문수 경기도지사) "한나라당에는 민주화 시절 잘 먹고 잘살았던 사람만 있는 웰빙당 이미지가 있지만 그렇지 않다." (이재오 특임장관)
2012년 김무성이 "노무현 전 대통령은 6월항쟁에 참여하지 않았던 사람"이라는 거짓 주장을 하며 "새누리당 안에 나 같은 민주화 세력이 있다. 우리는 6월항쟁을 우리가 만들었다고 생각한다"고 강변한 것도 김문수 등의 2011년 궤변과 이어져 있다고 볼 수 있다.

진보 세력이 1980년대의 현대사 인식에 머물러 있어 6·29선언이 어떤 상황에서 나왔는지 잘 모르는 상황에서, 또 1990년대 중반 이후 박정희 신드롬이 무서운 기세로 팽창하던 분위기에서 이런 일이 일어났다. 그렇기 때문에 6·29선언의 진실을 아는 것이 중요하다. 6·29선언이 왜 나왔는지 정확히 인식하지 않으면 안 된다. 그래서 이

이처럼 민주화 운동의 역사를 탈취하려는 일련의 시도엔 역사적 맥락이 있다. 그것에 관해 기자 시절인 2012년에 쓴 기사의 일부를 소개한다.

〈6월항쟁 이후, 특히 1990년대 들어 보수를 자임하는 이들이 심심찮게 한 이야기가 '산업화 세력과 민주화 세력의 화해·협력'이다. 민주화가 대세로 떠오르자, 자신들의 과거 중 독재에 빌붙었던 부분은 슬쩍 가리고 산업화를 상징으로 내세운 것이다. 그와 동시에 반대편에게는 '그래, 너희들의 민주화 공로는 인정하마'라는 태도를 보였다.

이들이 상징으로 내세운 '산업화'를 온전히 이들의 업적으로만 볼 수는 없다. 저임금 장시간 노동을 견디며 '한강의 기적'을 만들어낸 노동자들을 빼놓고 산업화를 논할 수는 없다. 노동자들을 '수출 역군'이라 부르며 혹독하게 일을 시켰던 자칭 '산업화 세력'은 1990년대 들어 김문수 같은 과거의 노동 운동가를 개별적으로 흡수했다. 그러나 이들의 정치는 '전태일'로 상징되는 노동자들의 목소리와 거리가 멀었다.

그렇게 '산업화'라는 상징을 확보한 이 세력은 어느 순간부터 '민주화'의 역사마저 가져가려 시도했다. '산업화 세력과 민주화 세력의 화해·협력'이라는 표현을 여전히 쓰면서도 '산업화는 당연히 우리 것, 민주(의 일부)도 알고 보면 우리 것' 쪽으로 무게중심을 옮긴 것이다. 자신들이 민주화를 이룬 주역이라는 한나라당·새누리당 정치인들, 이를 지원하는 뉴라이트 인사 등의 행보는 모두 이런 맥락 속에 놓여 있다.

이들에게 6월항쟁을 비롯한 현대사는 자신들의 헤게모니를 더 공고하게 하는 데 쓰이는 소모품에 불과하다고 하면, 지나친 말일까? 분명한 건, 6월항쟁은 이들이 그런 식으로 주물럭거려도 되는 노리개가 아니라는 점이다.

한 가지 더 짚어야 할 것이 있다. 6월항쟁이 이들의 것이 아니라면, 1980년대 운동권 총학생회장 출신들이 즐비한 야권의 것일까? 물론 '아니올시다'이다. …… 6·10항쟁과 6·29선언이 하나의 패키지라는 박효종 교수의 주장과 달리, 6월항쟁과 패키지로 묶여야 할 것은 '7·8·9월 노동자 대투쟁'이다. 그러나 386 정치인들을 비롯한 야권은 정치적 민주주의를 넘어서 사회·경제 분야로 민주주의를 심화·확대한다는 '노동자 대투쟁'의 과제를 대부분 저버렸다. 지금의 야권이 연이어 집권하고 386 정치인들이 목소리를 높이던 때, '노동자 대투쟁'을 통해 드러났던 인간다운 삶을 향한 꿈은 점점 멀어져 갔다.

6월항쟁은 새누리당 정치인들의 것도, 386으로 대표되는 야권 정치인들의 것도 아니다. 죄 없는 사람을 고문해 죽이는 정권을 더는 참고 볼 수 없어 거리로 나선 수많은 시민들의 것이다. 질식당한 민주공화국을 살려낸 건 바로 그들이었다. 이들은 '한때 ○○ 했다' 식으로 정치적 목적 달성 혹은 입신양명을 위해 6월의 기억을 우려먹지 않았다. 많은 이들은 이름조차 남기지 않고 사라져 갔다. 역사를 만든 건 이들이다. 6월항쟁을 노리개쯤으로 여기거나 정치적 자산으로 써먹기 전에, 이런 이들에게 부끄러워할 줄 알아야 한다.〉

부분은 상세히 논의할 필요가 있는데, 그러한 강변과 관련해 주목되는 책이 1992년에 나온 《전두환 육성 증언》이다.

여소야대 정국에서 위기에 몰린 전두환 측, '6·29선언 주역은 전두환' 설 유포

— 이 책이 그 시기에 나온 이유가 무엇이라고 보나.

《전두환 육성 증언》은 전두환의 공보 비서관이었던 김성익이 1986년부터 1988년까지 전두환이 주로 청와대 회의에서 얘기한 것의 일부를, 어디까지나 일부인데, 발췌해 편집하고 김성익 자신의 촌평까지 붙여 출판한 책이다. 노태우 정권 말기이던 1992년 전두환 쪽에서 이 책을 낸 이유는 명확하다.

전두환이 노태우에게 정권을 넘긴 지 두 달 만에 치러진 1988년 4월 총선 결과 여소야대 국회가 탄생하지 않았나. 그래서 역사 바로 세우기의 전초전으로 그해 11월에 5공 비리 청문회가 열렸다. 이 청문회는 텔레비전으로 생중계되면서 폭발적인 반응을 불러일으켰다. 전두환의 형제를 비롯한 그 친인척이 줄줄이 구속됐다. 대학생과 시민들은 전두환·이순자 구속을 위한 궐기 대회를 열었다. 학생들은 전두환 체포 결사대를 조직해 연희동으로 달려갔다. 결국 그해 11월 23일 전두환·이순자 부부는 짧막한 사과문을 발표하고 설악산 외진 곳에 있는 백담사로 떠났다. 현대판 귀양이었다. 전두환은 그렇지 않아도 이미지가 나빴는데, 이런 일들을 겪으면서 위신이 실추할 대로 실추했다. 전두환 쪽에서는 이걸 만회할 필요가 있었다. 그래서 《전두환 육성 증언》이 나오게 된 것이다.

이 책이 나온 데에는 또 하나의 이유가 있었다. 전두환 기준으로 보면 자신이 후계자로 정한 노태우가 대통령이 되고 나서 자신과 친인척이 그렇게 '당하니' 배신자라고 할 수 있지 않나. 그런 노태우에게 앙갚음을 한다고 할까, 노태우 쪽을 폄하할 필요가 있었다.

그렇게 해서 나온《전두환 육성 증언》에서 김성익은 촌평을 통해 전두환과 6·29선언을 연결시키려는 주장이나 논리를 폈다. 그렇지만 그게 구체성이 약하다. 또《전두환 육성 증언》에 수록된 '전 대통령이 말한 6·29의 전말'을 보면, 전두환 특유의 견강부회와 앞뒤가 안 맞는 자가당착적인 주장, 횡설수설이 많다.

《전두환 육성 증언》이 나왔으면 노태우 측에서 반박했어야 하지 않나. 그런데 여러 해 동안 반박이 안 나왔다. 전두환 주장이 옳다는 걸 인정하는 모양새가 된 것이다. 그러면서 6·29선언은 전두환에 의해 나온 것이라는 식으로 분위기가 많이 조성됐고 노태우가 6·29선언의 영웅이라는 '신화'가 어이없이 무너지는 것 같았다.

노태우의 뒤늦은 반박
뉴라이트, 논쟁 대상에서 제쳐놔

─ 노태우 쪽의 반박은 언제 나왔나.

노태우의 반박은 한참 후에, 그것도 세상이 많이 바뀌어 사람들이 6·29선언에 별 관심이 없었던 1999년에 나왔다. 그해《월간조선》6월호에 조갑제가 노태우와 인터뷰한 '노태우 육성 회고록'이 실렸다. 그리고 6·29선언 20주년인 2007년에 조갑제의 이 1999년 인터뷰가 주된 내용을 차지하는, 6·29선언과 관련해서 특히 그런데,《노태우 육성 회고록》이 출판됐다.

그런데 2007년에 이 책이 나왔을 때에는 '전두환이 6·29선언의 주역이고 전두환은 일찍부터 직선제를 하려고 했다'는 주장, 앞에서 얘기한 '우리도 민주화를 하려고 했다'는 수구 냉전 세력 또는 뉴라이트의 강변이 수구 냉전 세력 진영에서 정설처럼 주장되고 있었다. 그런 면에서 노태우 책이 너무 늦게 나온 것이다.

또 수구 냉전 세력이든 뉴라이트든 그런 정설을 뒤집어엎을 수 있는, 자신들한테 불리한 책을 가지고 논쟁을 할 필요는 없었다. 노태우 책이 나왔으니까 자기들 주장이 많이 뒤집어지는 것이었지만 그걸 가지고 논쟁은 안 한다, 이 말이다. 지난 얘기이기도 하고, 그렇게 하면 자기들한테 손해니까. 특히 뉴라이트는 항상 자기들한테 유리한 것만 가지고 얘기하는 경향이 있지 않나.

전두환 증언에도, 노태우 회고에도
6·29선언 부분이 소략한 이유

— 노태우로서는 전두환 쪽 주장을 반박하기 위해서라도《노태우 육성 회고록》에 6·29선언 관련 내용을 많이 담는 게 자연스러울 터인데, 실제로 어떠한가.

6·29선언 20주년에《노태우 육성 회고록》을 낸 건 6·29선언의 주역은 누가 뭐래도 노태우 자신이라는 점을 말하고 싶어서 아니겠

나. 따라서 6·29선언에 대한 비화가 이 책에 풍성히 담겨 있을 것이라고 생각하기 쉽다. 그런데 놀랍게도 또 아주 신기하게도 전혀 그렇지가 않다.

그 점은 2011년에 나온, 상·하 2권으로 된《노태우 회고록》도 마찬가지다. 이 책에서는 노태우의 북방 정책을 아주 대단한 성과가 있었던 것처럼 화려하게 써 전두환의 속을 몹시 불편하게 했다. 덧붙이면 그래서 전두환도 자신의 업적을 자랑할 겸 2017년에 회고록을 써냈다. 그렇지만 1권을 12·12쿠데타, 5·17쿠데타, 광주 학살을 강변하는 데 할애할 수밖에 없었고 억지 주장, 거짓 주장을 많이 하다 보니 재판에 걸려 90이 다 된 늙은이가 큰 '곤욕'을 치르게 됐다. 다시 돌아가면《노태우 회고록》도 6·29선언에 대해 아주 소략하다.

《전두환 육성 증언》보다는 분명히《노태우 육성 회고록》이 구체적이긴 하다. 전두환 쪽이나 노태우 쪽이나 6·29선언이 그렇게 중요하다고 주장하고, 둘 다 서로 자기가 주역이라고 주장하는 것 아닌가. 그렇게 중요하다고 본다면 자세하게 얘기했어야 하는 것 아니겠나.《전두환 육성 증언》,《노태우 육성 회고록》을 보면 6·29선언에 대한 내용이 아주 조금밖에 없다. 아주 조금밖에 없는 그걸 가지고 뉴라이트나 극우, 그런 사람들이 그렇게 이용해먹는다, 이 말이다. 그점이 아주 중요하다.

왜 그렇게 소략할까. 그건 강변을 늘어놓는 것도 한계가 있고 사실은 두 사람이 공개할 수 있는 것보다 숨기고 싶은 것, 켕기는 것이 훨씬 더 많기 때문 아니겠나. 그와 함께 6·29선언이 전두환의 주장과 달리 오랜 각고의 산물이 아니라 급작스럽게 만들어진 것이라는 점을 말해준다.

6·29선언을 이해하는 데에는 박철언의《바른 역사를 위한 증언》

1986년 4월 30일 전두환과 3당 대표(국민당 대표 이만섭, 민정당 대표 노태우, 신민당 대표 이민우) 오찬 담화 모습. 사진 출처: 국가기록원

(2005년)과 이만섭의 《나의 정치 인생 반세기》(2004년)도 도움이 된다. 박철언은 노태우의 처가 쪽 인척으로 1987년에 노태우의 분신이나 다름없었고, 노태우가 대통령이 되자 6공의 황태자라는 소리를 들었다.

직선제 논의 시점에 대한
전두환, 노태우, 이만섭의 엇갈리는 주장

── 하나씩 짚어보자. 전두환과 노태우는 직선제 수용 문제를 언제부터 논의했나.

직선제 논의 시점이 언제냐. 이걸 가지고 과거에 논란이 많이는 아니고 조금 있었는데 그 부분을 보자. 전두환과 노태우는 직선제 얘기를 꺼낸 시점에 대해 서로 다른 주장을 했다.

전두환은《전두환 육성 증언》에서 직선제에 대해 두 차례 언급했다. 두 번밖에 없고, 그것도 나중에 얘기를 한 것이다. 하나는 6·29 선언 전날인 6월 28일 김성익에게 2주일 전에 노태우 대표에게 "직선제를 받도록 시킨 것"이라고 얘기했다는 것이다. 이 말대로라면 직선제를 얘기한 시점은 6월 14일경이 될 것이다. 그런데 구체적인 장소나 시간도 안 나오고, 어떤 방식으로 그렇게 얘기했다는 것도 안 나온다. 그냥 이렇게 짤막하게 얘기했다는 것이다. 다른 하나는 김성익이 1987년 6월에 들어와서 들었다고 하면서, 이것도 언제 들었는지 그 시점이 명확하지 않은데, 전두환이 6월 15일경 노태우를 안가로 불러 얘기했다는 것이다.

이렇게 전두환이 일찍부터 직선제를 생각했다고 하는 주장의 근거는 아주 불분명하고 흐리멍덩하다고 볼 수 있다. 어느 경우나 구체적이지 않고, 명확하지도 않은 내용이다.

—— 노태우 쪽은 어떠한가.

《노태우 육성 회고록》, 그리고 그것보다 나중인 2011년에 나온 《노태우 회고록》을 보면 노태우가 1987년 6월 20일 이만섭 국민당 총재와 회담을 할 때 '전두환이 직선제를 권유했다'는 점을 완강하게 부정하는 주장이 나온다. 그런데 이 부분은 매우 구체적이다.

이날 회담에서 이만섭이 직선제를 하자고 얘기하니까 노태우가 이렇게 답변했다고 한다. "4·13 (호헌) 조치를 한 지도 얼마 되지 않았는데, 전 대통령에게는 어림도 없는 일이다. 내가 아무리 직선제를 한다고 해도 전 대통령이 안 된다고 할 텐데 그게 가능할 것인가", 이렇게 걱정했다는 것이다. 그래서 이만섭 총재가 "전두환 대통령을 만나서 설득하겠다"고 말했을 때, 그게 좋겠다고 생각했다는 것이다.

이 부분에서 노태우가 하는 말과 행위는 전두환의 주장과 달리 구체적이고 논리적이다. 무엇보다도 상대방인 이만섭이 노태우의 두 책이 나왔을 때 살아 있었다. 그렇기 때문에 노태우가 거짓말을 하기가 쉽지 않았다는 점이 중요하다. 그런데 이만섭 회고록《나의 정치 인생 반세기》를 읽어보면 노태우가 주장한 것과 또 조금 다르게 나온다.

─── 이만섭은 회고록에 어떻게 썼나.

이만섭 회고록에는 6월항쟁 시기에 노태우를 두 번, 즉 6월 20일과 22일에 만났는데 노태우가 했다는 얘기가 두 번째 만났을 때인 6월 22일에 나왔다고 쓰여 있다. 이만섭은 명확하게 두 차례에 걸쳐 만났다고 썼고 그게 더 논리적이다. 이만섭이 6월 20일 얘기한 것을 22일에 했다고 주장했을 것 같지는 않다.

6월 22일 노태우를 두 번째 만났을 때에 대해 이만섭은 이렇게 썼다. "'직선제로 승부를 걸어야 한다'는 말을 심각하게 듣고 있던 노 대표는 무겁게 입을 열었다. '내가 아무리 직선제를 하자고 해도 전 대통령이 결심하지 않으면 안 될 텐데요?'" 그래서 이만섭은 "전 대통령은 내가 만나서 어떻게든 설득을 할 테니까 노 대표부터 먼저 결심하시지요"라고 재차 강조했다는 것이다.

그러니까 노태우의 주장을 간단히 얘기하면 '전두환은 6월 20일 또는 22일 전에는 나한테 직선제 얘기를 한 적이 없다', 이것이다. 그 주장을 강력하게 편 것이다. 6·29선언의 주역을 둘러싼 논란의 전초

전에서 했던 전두환 쪽 주장이 맞지 않는다는 얘기다.

또 노태우는 6월 20일 민정당 기획팀에서 직선제를 수용하기 어려운 이유로 첫째, 선거에서 패배한다는 점, 당연하게도 그때 다들 그렇게 생각했던 것인데, 둘째, 대통령이 결코 직선제를 받아들이지 않을 것이기 때문에 추진할 수 없다는 점을 제시했다고 노태우 회고록에 썼다. 여기서도 노태우는 구체적인 얘기를 했다. 이 주장이 사실과 어긋난다면 민정당 기획팀 이쪽에서 가만히 안 있을 수도 있었다. 그쪽에는 전두환계도 있지 않았나.

노태우와 관련해
구체성이 약한 김용갑 증언

— 다른 사람들은 이 문제에 대해 어떻게 증언했나.

6월항쟁 이전에도, 6월항쟁 때에도 전두환이나 노태우에게 직선제를 권한 사람들이 있었다. 김용갑, 김복동도 그런 사람 중 한 명이다. 당시 청와대 민정수석이던 김용갑의 증언을 들어보자. 이 사람은 극우인데, 어쨌건 김용갑이 1987년 6월 14일 박영수 비서실장 등에게 직선제를 받아들이라고 얘기했고 비서실장은 그걸 대통령에게 보고했다고 한다. 그리고 전두환은 6월 17일 저녁 노태우를 따로 불러 직선제 수용 방안을 검토해보라고 말했다고 한다.

그런데 또 김용갑이 이렇게 얘기하는 게 나온다. 6월 18일 김용갑 자신이 전두환을 만나 직선제 수용을 강력히 설득했다는 것이다. 그 말을 들은 전두환이 '지금 바로 노태우에게 가서 그대로 설명해줘라', 이렇게 지시해 자기가 그렇게 했다고 한다.

이 증언에 따른다면 전두환은 6월 19일에도 노태우를 만나 17일보다 강한 어조로 직선제 수용을 주장했다고 한다. 그런데 이 경우도 전두환이 자신의 견해라고 하면서 그렇게 했다는 것인지, 아니면 직선제를 받아들이라고 다른 사람들이 말했다는 것인지가 불분명하다. 이 증언들이 얼마만큼 신뢰성이 있느냐 하는 건 2차적 문제이고, 우선 이렇게 주장하고 있는데 내용이 구체적이지 않다.

김용갑이 노태우에게 직선제를 권했고, 노태우가 직선제를 수용할 수 없다고 말한 것은 사실일 것이다. 그러나 전두환의 주장은 설득력을 얻기가 쉽지 않다. 만약 전두환이 자신의 견해라고 하면서 노태우에게 직선제를 얘기했다면 노태우가 이만섭에게 그렇게 얘기할 것 같지 않다. 왜냐하면 이 시기에 전두환과 노태우는 엄격한 상명하복 관계에 있었다. 이런 것들보다 진실을 이해하기 위해 더 살펴볼 만한 기록이 있다.

전두환과 노태우의
거짓말 경쟁

── 무엇인가.

2011년에 나온 《노태우 회고록》을 보면, 노태우가 6월 17일 밤 박철언을 집으로 불러 이렇게 얘기했다고 나온다. "이제는 다른 방법이 없다. 결심을 했다. 직선제로 하는 수밖에 없겠다. 그에 관한 모든 준비를 해달라." 그러면서 초안을 만들라고 말했고, 이 지시를 받은 박철언이 6월 18일부터 기초 작업에 들어갔다는 것이다. 노태우는 박철언이 20일과 22일 두 차례 보고를 하고 자신의 보완 지시를 받아 수정 작업을 했다고 주장했다.

그러니까 전두환과 아무런 상의도 하지 않은 상태에서, 전두환의 지시도 없이 17일에 노태우 스스로, 단호하게 '직선제를 하는 수밖에 없다'고 결심했다는 것이다. 그런데 이러한 주장은 전두환이 주장한 것 못지않게 진실이라고 보기가 매우 어렵다.

─ 그렇게 판단하는 근거는 무엇인가.

그렇게 중요한 사항이라면 그전에 나온 《노태우 육성 회고록》에 이게 들어 있어야 하는데, 없다. 그리고 그렇게 중요한 사항이라면 박철언 회고록에도 담겨 있어야 하는 것 아닌가. 그런데 박철언이 자세하게 쓴 그 회고록에도 그에 관한 내용이 한마디도 없다. 사료를 평가할 때, 나중에 이런 주장을 하는 건 대개 가짜로 만들어서 주장하는 것이라고 보고 있다. 그렇기 때문에 바로 이 노태우 회고록에 들어 있는 이런 주장을 볼 때 전두환과 노태우는 거짓말 경쟁을 치열하게 벌이고 있는 것 아니냐고 볼 수밖에 없다.

─ 2017년에 출간된 《전두환 회고록》에서 전두환은 이 문제에 대해 어떤 주장을 폈나.

《전두환 회고록》에는 더욱더 놀라운 얘기가 나온다. 노태우가 병마에 시달리는 환자여서 어떤 대응도 하기 어려운 상황에서 86세의 전두환이 놀랍게 구체적이고 상세한 얘기를 했다. 여러 사항이 나오지만 핵심만 짚어보자. '6·29선언'이라는 장에서 먼저 4쪽 넘게 직선제, 내각제와 관련된 자신의 '정치 철학'에 대해 전두환답게 장광설을 늘어놓은 다음, 6월 17일 오전 10시에 불러 직선제를 수용하라고 했더니 노태우가 그것에 반발하면서 그것을 받아들일 수 없는 이유로 민정당을 설득할 수 없고 직선제를 하면 패배한다는 두 가지 이유를 말했다는 것이다. 그래서 자신이 직선제를 수용해야 하는 이유 다섯 가지를 차근차근 얘기했다는 것이다. 첫째 비상 조치를 취해서는 안 되고, 둘째 직선제가 아니면 야당이 선거를 보이콧할 것이고, 셋째 현행 간선제를 야당이 수용해 역이용하면 여당 후보에게 불리할 수 있고, 넷째 현행 헌법으로 승리하더라도 곧바로 개헌 요구가 불거질 것이고, 다섯째 직선제로 해도 반드시 승리할 수 있을 것이라고 설명했다는 것이다. 다섯째가 중요할 터인데도, 1971년 대선에서 박정희가 이겼다는 것, 5공이 성과가 많아서 이길 것이라는 얘기 외에는 별다른 내용이 없다.

전두환은 오전에 만났다는 얘기를 길게 썼으나 이날 저녁에 있었던 모임에서 한 얘기는 대단히 중요한데도 한마디도 언급하지 않았다. 6월항쟁 전 기간 중 여러 사람이 있는 자리에서 한 얘기로는 가장 중요한 얘기를 전두환은 저녁 모임에서 했다. 민정당에서 대통령 후보가 된 노태우와 함께 축하주를 하는 자리였는데 안무혁, 이춘구, 김윤환, 안현태 등이 자리를 같이했다. 이 자리에서 전두환은 "나는 카드를 다 썼어요. 이제 없어"라고 말하면서 노태우를 중심으로 현 시국의 정치적 수습 방향을 마련할 것을 지시했다. 이 지시는 전두환이 4·13 호헌 조치를 철회한 것이어서 대단히 중요한 의미가 있었다. 이날 이후 노태우의 움직임은 눈에 띄게 달라진다. 이러한 지시를 하고 술을 마시면서 전두환은 잇달아 노래까지 불렀다. 전두환이 오전 10시에 노태우에게 직선제를 수용하라고 얘기했다면 저녁에 노태우에게 한 얘기도 대단히 중요하기 때문에 어쨌든 간에 변명을 하든지 얘기를 했어야 할 터인데, 너무나도 다른 얘기이기 때문인지 전혀 언급하지 않았다.

─── 1987년 6월 17일 오전 10시에 노태우에게 그런 얘기를 했다는 전두환의 주장, 어떻게 보나.

딱한 것은 직선제와 관련해 전두환이 상세히 쓰고 있는 사항은 노태우와 단둘이 얘기한 것으로 돼 있다는 것이다. 그런데 노태우가 그것을 인정하지 않을 뿐만 아니라, 노태우가 이만섭과 나눈 대화나 민정당과 관련지어 말한 내용은 구체적이고, 제3자를 통해 확인할 수 있어 설득력이 있다.

6월 17일 전두환이 노태우와 단둘이 만났다는 시각도 문제다. 공보비서관 김성익은 《전두환 육성 증언》에서 6월 17일 저녁 모임이 시작되기 전 전두환은 노태우와 따로 비밀리에 만나 얘기를 나눈 뒤 다른 참석자들보다 늦게 이 자리에 나타났다고 썼다. 김용갑도 저녁 모임 직전 두 사람이 만난 것으로 증언했다. 그런데 전두환은 왜 아침 10시라고 했을까. 모임 직전 잠깐 만나 얘기한 것이 아니고 정식 으로 불러 얘기했다고 해야 모양새가 좋다고 생각했기 때문일까.

전두환이나 노태우나 6·29선언과 관련해서, 특히 나중에 나온 두 사람의 회고록에서 아주 심하게 거짓말 전쟁을 하고 있는 것으로 보인다. 전두환의 회고록에 나오는 주장은 노태우가 《노태우 회고록》 에서 6월 17일 밤 박철언을 불러 말했다는 주장과 비슷하게 진실성 이 담겨 있지 않다. 가장 중요한 것은 전두환이 6월 17일 이날 노태우, 안무혁, 이춘구 등에게 꼭 얘기하려고 한 사안이 있었다는 점이다. 전두환은 '도둑이 제 발 저린다'는 말이 있지만 "나쁜 짓을 뭐 많이 했기에 겁이 나는 거 있느냐" 이런 말까지 하면서 "우리가 지금 밀리고 있다"는 표현을 두 번이나 썼다. 그러고는 "나는 카드를 다 썼어요. 이제 없어", 이렇게 말했다. 그다음이 아주 중요하다. 전두환은 참석자들에게 노태우를 중심으로 새로운 대처 방안을 마련하라고 지시했다. 이게 핵심이다. 참석자 면면을 보면 전두환은 바로 이 말을 하기 위해 노태우 대통령 후보 축하주 자리를 마련했다고 볼 수 있다. 전두환은 자신의 4·13 조치 때문에 6월 10일 이후 엄청난 사태가 벌어졌는데도 아무런 대책을 마련할 수 없었다. 그래서 처음으로 4·13 조치를 넘어선, 신축성 있는 대처 방안을 마련하라고 지시를 한 것이다.

그러나 전두환이 직선제 문제를 떠올려봤을 수는 있다. 전두환은 4·13 호헌 조치 이래 계속 밀리고 있었고 어떻게 대응해야 할지 방안이 서지 않았다. 그러면서 어쩔 수 없이 5·26 개각을 하게 되었고, 6·10 국민 대회와 그 이후 일어난 엄청난 규모의 시위에 대처하지 못했다. 과거 같으면 비상 조치 발동이나 강경 대응 조치가 있었을 터이지만, 6월 10일에서 6월 17일까지 전두환은 비상 조치를 선포할 적절한 타이밍을 맞추지 못했다. 6월 12일, 13일, 14일의 대책 회의에서 안기부장이나 총리 서리, 내무부 장관 등은 5·26 개각 이전과 달리 자신과 손발이 맞지 않았고 따로 놀고 있는 형편이어서 강경 대응 조치도 취할 수가 없었다. 1986년 하반기에 안기부장 장세동과 손발이 척척 맞아 초강경 초토화 작전을 펼치던 것과는 사정이 너무 달랐다. 그래서 6월 17일 어떻게 해야 할지 방안이 서지 않고 답답했던, 그리고 다음 날 최루탄 추방의 날 시위가 벌어지는 점도 가슴을 짓누르고 김용갑이 한 말도 생각나서 전두환은 노태우를 저녁 모임보다 조금 일찍 오게 해 '(사람들이) 이제 직선제밖에 없다고 하는데 이제는 그것도 검토는 해봐야 하지 않겠느냐'고, 노태우에게 너무 큰 부담을 줄 테니까 지나가는 말처럼 슬며시 떠봤을 것이고, 노태우는 '직선제를 하면 우리에게 패배밖에 없으니까 검토할 필요도 없다'고 막무가내로 반대하지 않았을까. 그런 정도로 주고받는 일은 있었을 것 같다. 당시 일반 사람들도 그렇게 생각했지만 직선제를 하면 패배한다는 것이 민정당의 생각이었고, 노태우는 물론이고 전두환도 그렇게 생각했다. 이 시점까지는 양김이 모두 대통령 후보로 나올 것이라는 발상이나 확신이 전두환이나 노태우에게 아직 서 있지 않았다.

6·29선언이 최종 확정된 건
6·26 평화 대행진 직후였다

도도한 민주화 물결, 네 번째 마당

김 덕 련 1987년 6·29선언에 직선제가 포함된 경위를 더 짚어봤으면
한다.

서 중 석 다시 강조하지만 4·13 호헌 조치로 전두환은 궁지에 몰릴
대로 몰려 있었다. 그런 속에서 발생한 6월 10일 이후의 엄청난 시위
는 너무나 뜻밖이어서 정신적 공황에 빠질 수밖에 없었다. 그렇다고
전두환 스스로 4·13 호헌 조치를 철회하겠다는 주장을 할 수도 없는
노릇이었다. 그리고 야당에서 주장하는 대로 대통령 직선제와 내각
책임제를 놓고 선택적 국민 투표를 한다면 결과는 뻔했다. 그건 하나
마나 한 일이었다. 거기다가 군도 동원하는 데 문제가 있었다. 그러
니 어떠한 선택지도 있을 것 같지 않았다.

전두환은 4·13 호헌 조치로 자신도 정국을 타개할 방안을 내놓
을 수가 없었지만, 후계자인 노태우나 민정당도 정국을 풀어갈 방법
을 내놓을 수 없게 만들었다. 4·13 호헌 조치가 없었다면 상황이 어
땠을까. 그랬다면 노태우, 이춘구 등 민정당 당직자들은 야당에 대해
계속 개헌 논의를 하자며 시간을 끌다가 몇 달 후 '전두환 대통령의
임기가 얼마 안 남았다. 개헌 문제로 더 이상 시간을 끌 수 없다'고
하면서 '시간이 없으니까 현행 헌법으로 차기 대통령을 선출하고 그
후 개헌을 하자'고 주장할 수도 있었다. 또는 몇 달 동안 끌다가 '이
젠 시간이 없다'고 하면서 몇 가지 민주화 조치를 취하며, 이렇게 하
자는 의견이 실제로 내부에 있었는데, '직선제 말고 내각제 개헌이라
도 하자'는 식으로 내각제 개헌을 밀고 나가는 방식을 취할 수도 있
었다.

이처럼 여러 가지 대응 방법이 있을 수 있었고, 6월항쟁에 맞닥
뜨려서도 나름대로 대응 방안을 모색할 수 있었다. 그렇지만 전두환

의 4·13 호헌 조치 때문에 이런 일이 다 불가능했다.

전두환·노태우, 6·26 대행진 이틀 전
직선제에 '조건부' 합의

── 그간 이 문제에 관해 엇갈리는 주장이 여럿 나와 적잖은 사람들을 혼란스럽게 한 것 같다.

확실하고 분명한 사실은 전두환과 노태우가 직선제에 합의한 것은, 그것도 6·26 국민 평화 대행진 상황을 보고 나서 결정하자는 전제를 달고서 한 것이지만, 전두환이 김영삼과 영수 회담을 한 6월 24일 그날 늦은 오후였다는 것이다. 그건 양쪽 자료에 나오는 사항이다.

이 문제와 관련해 전두환과 이만섭의 회담을 살펴볼 필요가 있다. 우선 이 회담이 있기까지 어떤 일이 있었는지 되짚어보자. 6월 17일 밤 전두환이 노태우를 중심으로 정국 수습 방안을 마련하라고 얘기했고, 전두환이 그렇게 물꼬를 터주자 노태우와 민정당이 움직이기 시작했다.

전두환 발언에 힘입어 18일, 19일에 노태우는 당직자와 의원들을 만났고 야당 책임자들과 종교계 지도자들에게 20일 만나자고 전달했다. 노태우는《노태우 육성 회고록》에서 6월 20일은 "내게 있어 잊을 수 없는 날"이라고 회고했다. 이만섭, 신민당 이민우, 김수환 추기경을 연이어 만났다. 하나같이 직선제를 받아들이라고 얘기했다. 그것에는 이길 수 있을 것이라는 얘기도 있었다. 이들 외에 이날 만

1987년 6월 22일 윤보선을 만난 전두환. 사태가 다급하게 흘러가자 전두환은 6월 22일 오후 윤보선, 최규하를 만났고 여야 영수 회담 건의를 받아들였다. 6·10 대회 이후 처음으로 전두환이 사태 수습을 위해 나서게 된 것이다. 사진 출처: 국가기록원

난 다른 사람들도 똑같은 얘기를 했다. 아마도 이날 만남은 노태우에게 적잖은 영향을 줬을 것이다.

민정당은 21일에야 6·10 국민 대회 이후 최초로 당론을 수렴하는 의원 총회를 열었다. 대부분은 직선제에 반대하거나 회의적이었지만 몇몇은 직선제를 주장했다.

22일 노태우는 전두환에게 시국 수습책의 하나로 여야 영수 회담을 건의하고 원로들도 만나보라고 권유했다. 노태우에 따르면 "당시 전 대통령의 지론은 대화보다는 물리적인 힘으로 막아놓고 그다음에 어떻게 해봐야겠다는 생각"이었는데 다행히 자신의 건의를 받아들였다는 것이다.

사태가 워낙 다급했기 때문에 전두환은 6월 22일 오후 윤보선, 최규하를 만났고 여야 영수 회담 건의를 받아들였다. 6·10 대회 이후

처음으로 전두환이 사태 수습을 위해 나서게 된 것이다. 그 이전에는 한 번도 공개적으로 사태 수습과 관련된 담화를 발표한 적이 없었고 신문에 보도될 만한 '만남'도 없었다. 6월 23일에는 또 하나의 큰 압박이 전두환을 눌렀다. 국본이 6월 26일에 평화 대행진을 실시하되 전두환·김영삼 회담에서 성과가 있으면 이를 지지한다고 선언한 것이다.

6월 24일 전두환을 만난 김영삼은 4·13 호헌 조치 철회, 선택적 국민 투표 실시 등을 요구했다. 그러나 전두환은 어려운 대목만 나오면 '노태우와 만나 의견을 절충하라'며 회피했다. 김영삼은 '당신이 책임자 아니냐. 왜 자꾸 미루느냐'고 몰아붙였다.

전두환으로서는 1979년 12·12쿠데타 이후 처음으로 당하는 수모였다. 자신이 벼랑 끝에 몰려 있다는 걸 뼈저리게 느낄 수밖에 없지 않았겠나. 전두환은 점심 약속을 내세워 회담을 끝내려 했지만 그것도 뜻대로 되지 않았다. 김영삼이 주저앉힌 통에 전두환은 김영삼과 점심 식사까지 같이할 수밖에 없었고 3시간이나 함께 얘기해야 했다. 그럼에도 전두환은 끝까지 노태우를 거론하며 김영삼의 요구를 피해갔다.

김영삼은 당으로 돌아가자마자 '영수 회담이 결렬됐다'고 주장하면서 '6·26 국민 평화 대행진을 강행하겠다'고 선언했다. 그래서 전두환과 민정당이 몹시 당황하게 된다.

그렇게 전두환이 김영삼한테 수모를 당한 후 회담한 사람이 이만섭이었다. 전두환은 이날 김영삼뿐만 아니라 이민우 신민당 총재, 이만섭 국민당 총재하고도 회담했다. 3당 영수 회담이니까 돌아가면서 한 것이다.

"동교동, 상도동 머리 처박고 싸우게 하라"
이만섭 조언 진지하게 경청한 전두환

─── 전두환과 이만섭의 회담에서는 어떤 얘기가 오갔나.

전두환과 이만섭의 회담은 그러한 배경 아래 진행됐는데,《전두
환 육성 증언》에 그 내용이 자세히 나온다. 재미있는 건 김영삼과 회
담한 내용은 이 책에 한마디도 안 나온다는 것이다. 전두환 기준으로
보면 김영삼과 한 회담은 지독하게 수모를 당한 자리였고, 그에 반해
이만섭과 한 회담 내용은 전두환한테 유리한 것이니까 그런 현상이
생긴 것이다.

이 회담에 대해 김성익은 이만섭이 '전 대통령을 위하는 마음으
로, 전 대통령과 같은 입장에서 조목조목 이해득실을 따져 이야기했
다'고 썼다. 그때 전두환이 대단히 진지하고 진중한 표정으로 경청하
는 모습이었다고 기술했다. 전두환은 혼자 떠드는 게 몸에 배다시피
한 사람이라는 얘기를 들었는데, 이때만은 진지한 청강생으로 돌변
한 것이다.

이만섭은 뭐라고 했느냐. 이만섭은 '백척간두의 이 난국은 떳떳
하게 직선제를 해야 풀린다. 비상 조치는 절대로 선포해서는 안 된
다'면서 비상 조치를 선포할 것인지 먼저 분명히 밝혀달라고 말했다.
전두환은 "비상 조치는 절대로 선포하지 않습니다"라고 답변했다.
'그러면 직선제밖에 없지 않느냐', 이만섭은 당연히 이렇게 다시 물
었다. 이건 이만섭 책에 이렇게 나오는데, 전두환은 고민하는 표정이
었다고 한다. 이만섭은 '김영삼이 주장한 선택적 국민 투표는 결과가
뻔하다. 그걸로 국력 낭비하지 말고 깨끗이 직선제를 받아들여라'라

1987년 6월 24일 이만섭을 만난 전두환. 이만섭은 전두환에게 직선제를 해서 "동교동, 상도동 머리 처박고 싸우게 하고 이쪽은 정정당당하게 물가 안정, 올림픽 가지고 심판받는 게 좋습니다"라고 말했다. 사진 출처: 국가기록원

고 하면서 이렇게 얘기했다. 직선제를 해서 "동교동, 상도동 머리 처박고 싸우게 하고 이쪽은 정정당당하게 물가 안정, 올림픽 가지고 심판받는 게 좋습니다."

그야말로 전두환과 노태우에게 특별히 중요한 의미를 갖는 사항을 얘기해준 것이다. 물론 다른 사람들도 이런 얘기를 했겠지만, 이만섭이 특히 이날 김영삼한테 몹시 몰려 있던 전두환한테 그 얘기를 해준 것은 전두환한테 더 강한 울림이 될 수 있었다. 전두환으로서는 참으로 듣고 싶었던 소리였다. 전두환이 마음이 편해지고 얼굴이 밝아진 것은 김영삼한테 3시간이나 시달리다가, 대통령 해먹으면서 이때 가장 심하게 닦달을 당했을 텐데, 꼭 듣고 싶은 얘기를 이만섭에게 들었기 때문이었다.

─── 전두환이 진지한 청강생으로 돌변한 이유가 있었던 셈이다.

전두환은 가슴속에 품고 있었던 방안, 궤변에 지나지 않는 주장이지만, 하여튼 그걸 얘기했다.《전두환 육성 증언》에 그대로 나오는데 뭐라고 했느냐. "내 지론은 현행 헌법이 우리 실정에 좋다는 데에는 불변입니다. ······ 국민의 감정이 '내 손으로 뽑자'는 것인데 그것을 충족시키는 방법으로 대통령 선거법을 직선제에 가깝게 고치는 방법도 있는 것 아닙니까. 선거인단이 선거인단 선거 때 자신이 약속한 대통령 후보를 찍도록 법적 구속력을 갖게 하면 직선제와 같은 것이지요." 직선제에 대해 전두환이 가지고 있던 복안이랄까 생각을 숨김없이 이만섭에게 털어놓은 것이다.

이만섭 회고록에 의하면 이날 전두환은 마지막으로 "이 얘기를", 직선제 얘기를 말하는데, "노(태우) 대표에게도 한 적이 있습니까?"라고 물었다. 그러자 이만섭이 "물론 노 대표에게도 충분히 얘기했습니다. 대통령께서 결심만 하시면 제가 노 대표를 다시 만나 마음을 굳히도록 하겠습니다", 이렇게 답변한 것으로 나온다. 이만섭은 회고록에 "그날 내 말을 진지하게 듣던 전 대통령은", 이날은 정말 진지하게 들었던 모양인데, "바로 그날 저녁 즉각 노 대표를 청와대로 불렀다고 한다"고 썼다. 그런데 직선제 권고 시점과 관련해 또 하나의 문제가 있다.

6·26 대행진 이틀 전 노태우는 왜
"직선제? 안 될 말씀" 발언했나

── 무엇인가.

전두환이 노태우에게 직선제를 권고한 날짜에 대해 박철언이 다른 주장을 했다. 박철언이 쓴 걸 보자. "6월 23일, 연희동에서 노 대표가 급히 보자고 했다. 단둘이 만났다. 어둡고 심각한 표정으로 노 대표가 말했다. '대통령이 직선제 하자고 하더라. 사태 수습을 위해 그 길밖에 없다고 하면서 난국 타개에 자신을 잃은 듯하더라. 처음에는 반대 의견을 얘기했으나 결심이 강한 듯해서 오늘 일단 받아들이기로 했다. 하지만 그런 경우에는 김대중을 사면·복권하고 구속자도 석방해야 한다고 내가 주장했다.' 나는 끝내 막다른 골목까지 왔구나 하는 생각에 바싹 긴장되었다", 이렇게 얘기하는 대목이 나온다.

이번엔 노태우 얘기를 들어보자. 노태우는 6월 24일 연이은 영수 회담을 보고 뭔가 변화가 있을 것으로 예상했는데, 그날 저녁 전두환의 부름을 받고 청와대에 들어갔다고 《노태우 육성 회고록》에서 밝혔다. 거기서 얘기를 나누던 중 전두환이 불쑥 "직선제를 해도 마, 이기지 않겠소?"라고 말을 꺼냈다고 한다. 그러자 노태우는 "무슨 말씀이십니까? 직선제로 이긴다고요? 안 될 말씀입니다", 이렇게 부정적으로 반문했다고 한다.

바로 이 부분 때문에 직선제에 반대한 것으로 말이 많이 나왔던 것인데, 노태우는 이렇게 변명했다. 전두환이 직선제를 한다고 했다가 뒤집으면 나라에 돌이킬 수 없는 비극이기 때문에 "앞으로 절대 변하지 않을 결심"으로 굳혀야겠다는 마음으로 자신이 반어법을 썼다고 주장했다. 노태우는 자기 책에서 몇 차례 전두환이 '현행 헌법으로 대선을 치른다'고 했다가 '내각제'로 개헌하자고 했고, 그래서 민정당 당론으로 내각제를 정하자 4·13 호헌 조치를 했다고 지적한 바 있다.

그러자 전두환이 "내가 최선을 다해 밀어줄 테니까 직선제를 하는 게 어떻겠느냐"고 말했다. 노태우는 "변함없는 생각이십니까"라고 재확인하자 "그 방법밖에 없지 않느냐"고 해서 이렇게 말했다고 한다. "알았습니다. 이런 말씀을 드리는 것이 예의에 어긋나는지 모르겠지만 선거에서 이기든 지든 앞으로의 문제에 대한 책임은 모두 다 제가 지도록 하겠습니다. 이제 각하의 뜻을 알았으니 적절한 조치를 취하겠습니다. 모든 것을 나한테 맡기고 관여하지 말아주세요." 이렇게 말했다고 《노태우 육성 회고록》에 썼다. 노태우는 두 사람이 만난 그 자리에서는 6·29선언 내용이 구체적으로 논의된 것이 아니었고 '직선제를 한다', '김대중을 사면 복권한다'는 두 가지만 합의를 봤다고 강조했다.

6·26 대행진 전에 전두환·노태우가 직선제를 수용하겠다고 발표했다면……

─ 박철언은 노태우를 위해 전력을 다한 사람이라는 평가를 받고 있다. 그런 박철언과 노태우의 증언이 엇갈리는 것을 어떻게 이해해야 할까.

노태우의 이 증언은 구체적인 성격을 띠고 있다. 그렇지만 박철언 주장도 사실적인 감을 주는 면이 있다. 박철언 증언에 따르면 노태우가 "오늘", 그러니까 6월 23일에 받아들인다고 했으니까 전두환이 노태우한테 직선제를 수용하라고 얘기했다는 날짜는 22일이 된다. 박철언의 기록이 정확하다면, 22일 오전 8시에 박철언은 연희동에서 노태우와 둘이서 아침 식사를 했는데, 그때 노태우는 박철언에게 그와 같은 얘기를 하지 않았으므로 그 이후 언젠가 전두환이 노태우에게 얘기했다고 보는 것이 맞을 것이다.

왜 노태우와 박철언의 증언이 날짜에서 2일이나 차이가 날까. 이만섭의 책, 김영삼 회고록 등을 포함해 여러 관계자의 책을 놓고 볼 때 그 시점이 24일 저녁이라는 노태우 주장이 더 설득력은 있다. 난 박철언의 증언을 이렇게 해석한다. 6월 22일에 전두환이 직선제 수용 문제를 거론했을 가능성이 있다.

22일에 전두환이 노태우를 부른 것 같지는 않다. 노태우가 여야 영수 회담을 건의하고 원로들을 만나보라고 요청하려고, 또 21일 민정당 의원 총회에서 나온 얘기도 보고를 하기 위해 노태우가 청와대에 올라갔을 때 전두환이 직선제 얘기를 꺼낸 것이 아닌가 싶다.

정리하면, 이젠 도저히 어쩔 수 없다는 심정으로 전두환이 직선제 문제에 대해 노태우와 합의를 본 건 6월 24일 저녁 이후였다. 두 사람은 이때 직선제와 김대중 사면 복권에 합의했다. 시위가 누그러지기는커녕 호남 지방에서는 한층 더 격화되고 있었고 6월 26일에는 평화 대행진이 열리게 돼 있었다. 야당 대표나 원로들은 하나같이 직선제를 얘기했다. 거기다가 24일에는 3시간이나 회담한 김영삼이 '결렬됐다'고 선언했고, 이만섭은 "동교동, 상도동 머리 처박고 싸우게 하라"면서 아주 호의적으로 충고와 조언을 했다. 특히 "동교동, 상도동 머리 처박고 싸우게 하라"는 얘기는 전에도 들었지만 이날은 울림이 달랐다. 그 말은 전두환과 노태우가 직선제 결단을 내리는 데 큰 자극이 됐을 것이다.

그러나 6월 24일 저녁 이때도 최종 결정을 한 것은 아니었다. 최종 결정이었다면 6월 25일에 발표해서 6·26 국민 평화 대행진을 취소시킬 수도 있었다. 그렇지만 그렇게 하지 않았다. 이 점이 아주 중요하다.

── 어떤 점에서 그러한가.

6월 26일에 엄청난 시위가 또 일어날 게 분명한 상황이었다. 그런데 그 전날 '직선제를 하겠다. 김대중을 사면·복권시킨다'고 발표한다면 전두환과 노태우로서는 명분이 얼마나 좋은가, 이 말이다. 명분도 아주 좋았겠지만, 만약 그렇게 됐다면 6·29선언이 6·26 대행진에 굴복해서 나왔다는 주장이 성립하기 어렵게 된다. 6·29선언이 6월항쟁에 무릎을 꿇어 나온 것이라는 주장도 약해질 수 있었다. 그뿐 아니라 전두환, 노태우, 민정당이 더 이상 시위로 국론이 분열되는 것을 막기 위해 결단을 내린 것이라고 하면서, 이제는 민주주의로 가야 한다고 강조하면 설득력이 클 수 있었을 것이다. 그것은 그만큼 노태우 후보 선거 운동에 도움이 됐을 것이고, 자신들도 민주주의 세력이라고 주장하는 것이 일부 계층에 먹혀들게 할 수 있었다. 6월 25일에 발표했다면 무엇보다도 6월항쟁이 반 토막이 나면서 역사적 의의가 반감했을 것이다. 6월 23일 국본은 전두환이 김영삼과의 영수 회담 등을 통해 "전 국민의 민주화 요청에 대해 이를 약속하고 실질적 행동을 보여준다면 우리는 온 국민과 더불어 적극 환영하고 지지할 것"이라고 밝혔는데, 6월 25일 직선제와 김대중 사면 복권을 발표했더라면, 야당은 물론이고 국본으로부터도 대단한 환영을 받지 않았을까.

그런 점에서 6월 25일에 발표하는 것하고 6·26 국민 평화 대행진 이후인 6월 29일에 발표한 것은 이렇게 엄청난 차이가 난다. 그런데 전두환도, 노태우도 직선제를 안 했으면 하는 미련이 남아 있어 25일에 발표하자는 얘기는 하지 않았다. 그야말로 이심전심 아니었겠나. 그러고는 시위를 초기 단계에 철저히 분쇄하기 위해 전두환은 권복경 치안본부장에게 직접 전화로 초동 단계에 시위를 꺾어버리라고 강력히 지시했다. 여러 일간지가 보도한 것처럼 6월 26일 시위가 그동안 있었던 시위 중 가장 평화적이었는데도 경찰의 폭력성이 가장 심하게 나타난 것은 전두환의 지시 때문이었다.

《전두환 육성 증언》에 6월 26일 전두환이 군 출동 준비를 지시했다는 것이 나오는데(다음 날 오전에 전두환이 인터폰으로 정상 근무토록 지시), 이것도 전두환이 직선제 외에 다른 것도 생각하고 있었다는 방증이 될 수도 있을 것이다.

엄청난 규모로 전개된 6·26 대행진, 전두환·노태우는 굴복할 수밖에 없었다

— 6·29선언문은 어떤 과정을 거쳐 만들어졌나.

직선제를 수용한다는 문안은 6·26 국민 평화 대행진 전날인 25일에야 노태우의 주도 아래 어느 정도 준비됐다. 그 점은 확실하다. 6·26 국민 평화 대행진 상황을 보고, 안 되겠으면 결단을 내려 최종

문안을 가다듬어 발표하려 한 것이다.

6월 25일 아침 노태우는 자신의 집에서 박철언에게 이렇게 얘기했다. "시국 타개 종합 방안을 마무리하여 곧 독자적으로 발표해야겠다. 대통령 직선제, 김대중의 사면 복권, 시국 사범 석방, 언론기본법 폐지 등을 포함시켜라. 효과의 극대화를 위해 (민정당) 대표가 대통령과 사전 상의 없이 독자적으로 선언하고 나중에 대통령이 추인하는 형식을 취하기로 전 대통령과 합의했다." 이 내용이 박철언 회고록에 나오는데, 이건 정확한 사실일 것이다. 그래서 그날 박철언은 안기부 특보실 연구실장 강재섭 등과 함께 문안 작성에 들어가게 된다.

이처럼 한쪽에서는 직선제 수용 문안 작업이 이뤄졌지만, 여권의 한 고위 인사가 전망한 대로 정국 전개의 분수령은 역시 6·26 국민 평화 대행진이었다. 전에 얘기한 것처럼 민권이 승리할 것인가, 아니면 군부 독재가 또 다른 간특한 술책을 내놓을 계기가 될 것인가가 바로 평화 대행진 상황에 달려 있었다. 상황은 굉장히 급박하게 돌아가고 있었다. 오죽 심각했으면, 항상 믿음직한 우군이었던 조선일보조차 6월 26일 자 사설에서, 이 신문은 조간인데, "선택적 국민투표나 새 총선 방식으로 국민의 선택에 맡기는 길밖에 이젠 없다고 믿는다"고 썼겠나.

이러한 상황에서 전두환이 권복경 치안본부장에게 시위를 초동 단계에 진압하라고 직접 지시한 것이다. 그렇지만 6·26 국민 평화 대행진은 초동 단계에서 꺾이기는커녕 전국의 주요 도시가 망라돼 엄청난 규모로 전개됐다. 이때까지 한국 역사상 최대 규모의 동시다발 시위였다.

이제 굴복하는 것 이외에 다른 방법이 없었다. 미온적인 방법으로는 계속 밀리기만 할 뿐이고 도저히 감당할 수 없는 새로운 사태가 폭발할 수 있는 상황이 코앞에 닥쳤다. 민정당 서울 지역 출신 의원들은 27일 오후 6시에서 10시까지 격론을 벌이다가 직선제와 김대중 사면·복권, 언론기본법 폐지는 피할 수 없는 시대적 운명이라고 주장했다. 비슷한 시각인 27일 오후 5시 15분경부터, 이건 시간까지 정확하게 나오는데, 노태우와 박철언은 다섯 시간 넘게 선언문을 손질하면서 세부 사항을 논의했다. 세상에 알려진 6·29선언은 이 자리에서 노태우와 박철언, 이 두 사람에 의해 만들어졌다.

─── 6·29선언 주역이 누구인가를 두고 그동안 전두환 쪽과 노태우 쪽이 옥신각신했다. 그렇지만 6월항쟁이 없었을 경우, 그리고 그 가운데에서도 6·26 국민 평화 대행진이 조기에 진압됐을 경우 상황이 어떠했을까를 생각해본다면 직선제를 받아들일 수밖에 없게 만든 진정한 주역은 따로 있었던 셈이다. 다시 돌아오면, 전두환 쪽에서는 6·29선언문 작성에 전혀 관여하지 않았나?

6·29선언과 관련해 전두환과 노태우는 마지막까지 거짓말 전쟁을 벌였다. 노태우는 《노태우 회고록》에서 6월 27일 최종안이 마련됐을 때 "일부 보도에는 내가 발표 문안을 들고 청와대에 들어가서 협의를 했다고 하는데, 그런 일은 없었다. 6월 24일 이후 6·29선언 때까지 나는 청와대에 올라간 일이 없었다"고 썼다. 이어서 이렇게 썼다. "6월 27일 청와대에서 들어오라는 연락이 왔어도 올라가지 않았다. 중대 선언이 있을 것이라는 소문이 나돌아 기자들이 집 앞에 진을 치고 있어 움직일 수도 없었다. 나는 전 대통령에게 '기자들이 집을 둘러싸고 진을 치고 있어 갈 수 없습니다. 애당초 (내 책임하에 추진하고 관여하지 않는다는) 약속도 하지 않았습니까?'라고 말했다. 전 대통령도

'알았다'고 해서 …… ."

　　그러나 전두환은 《전두환 회고록》에 청와대 별관에서 27일 오후 2시에 노태우를 만났고 그 자리에는 장남 전재국이 배석했다고 썼다. 그뿐 아니라 이 자리에서 "29일 극적으로 발표하라'고 지시했다"고까지 썼다. 노태우는 회고록에 6월 24일 저녁에 전두환을 만나서 애기할 때 "옆에 있던 재국 군이 내게 큰절을 올렸다"고 썼다. 전재국 관련 부분은 그것뿐이었다.

　　확실한 것은 앞에서 언급한 대로 박철언은 27일 오후 5시부터 최종안을 만들었다고 썼다는 점이다. 그리고 박철언은 25일 밤 11시 30분에 노태우 집에서 초안 전문을 함께 읽으며 "6월 29일 오전 9시'를 (발표) 'D데이 H아워'로 잠정 합의하였다"고 썼다.

　　기본적으로 전두환은 6·29선언에서 수동적일 수밖에 없었다. 전두환은 27일 오전 9시 20분 이종률, 김성익 비서관을 불러 "이달 말쯤 노 대표가 …… 입장을 밝히면 나는 그것을 받아들이는 결단을 내려야 하니 그 담화를 준비해야 돼"라고 말했다. 28일 오전 9시 50분이 지나서 전두환은 그다음 날(29일) 오전 노태우가 당에서 건의하는 방식으로 처리한다는 것을 김성익에게 말해줬다. 그리고 노태우가 29일 건의할 내용을 호주머니에서 꺼내 불러줬는데, 《전두환 육성 증언》을 보면 전문이 아니라 요약한 것으로 돼 있다.

　　28일 저녁 노태우는 집에서 박철언과 함께 최후 준비와 점검에 들어갔다. 그리고 29일 오전 9시가 조금 지나서 노태우는 민정당 중앙집행위원회 회의에서 6·29선언을 쭉 읽어 내려갔다.

직선제와 김대중 사면 복권은 왜
바늘에 실 가듯 따라붙을 수밖에 없었나

도도한 민주화 물결, 다섯 번째 마당

야당에서 대통령 될 것 예상했어도
6·29선언 발표했을까?

김 덕 련 1987년 전두환과 노태우는 6월항쟁에 굴복해 6·29선언을 내놓을 수밖에 없었다. 그런데 아무리 밀려서 그 선언을 발표할 수밖에 없었다고 하더라도, 직선제로는 대선에서 결코 이길 수 없을 것이라고 판단했다면 6·29선언을 내놓았을까 하는 의문이 든다. 이 부분, 어떻게 보나.

서 중 석 6·29선언에서 제일 궁금한 것은 전두환과 노태우가 '직선제를 하면 야당에서 대통령이 된다'고 예상했을 경우에도 과연 6·29선언을 발표했을까 하는 점이다. 전두환과 노태우가 6월 24일 직선제에 합의한 것은 워낙 거세게 몰아치는 압박을 더 이상 견뎌낼 수 없었던 점이 직접적으로 작용했기 때문임은 틀림없다. 그렇지만 '직선제를 실시하면 야당 대통령이 나올 것이다', 이렇게 판단했는데도 6·29선언이 나올 수 있었을까. 전두환과 노태우는 야당 대통령이 나오면 자신들에게 보복할 것이라고 생각했을 것이다. 자기들이 김대중, 김영삼에게 한 짓이 있으니 당연히 그렇게 예상했을 것이다.

1980년 광주 학살에 대한 책임 문제도 대두될 게 뻔했다. 광주 학살의 진상을 규명하고 학살 책임자를 처단해야 한다는 목소리가 계속, 그것도 아주 거세게 나오지 않았나. 민주주의를 짓밟고 현행법을 어긴 1979년 12·12쿠데타, 1980년 5·17쿠데타에 대한 단죄도 예상했을 것이다.

특히 전두환은 역사 바로 세우기 대상 제1호가 될 게 틀림없었다. 그렇기 때문에도 야당 대통령을 받아들일 수 없었을 것이다. 전두환이 1986년 하반기에 초토화 작전이라고까지 얘기할 수 있는 초강경 일변도의 탄압 정책을 펴고, 1987년에는 4·13 호헌 조치에 이어 노태우를 후계자로 지명한 것도 바로 퇴임 후 자신의 안전 문제 때문이었다.

— 직선제가 부활하면 전두환·노태우 쪽이 불리할 수밖에 없다는 건 누구나 예상할 수 있는 상황 아니었나.

직선제가 실현되면 야당이 승리할 것이 너무나 뻔해 보였다. 노태우 회고록에도 그렇게 나와 있고, 다른 여러 자료에도 그렇게 나온다. 누구나 그렇게 생각하게 돼 있었다. 노태우에게 직선제가 사지라는 건 누가 봐도 명약관화했다.

그렇기 때문에 전두환과 노태우에게는 승리가 절대적으로 요구됐다. 반드시 승리하는 것 말고는 다른 선택지를 생각하기 어려운 처지였다. 여기서 전두환에게 퇴임 이후의 안전이 얼마나 중요한 문제였는가를 짚어볼 필요가 있다. 자신을 그렇게 따르고 자신한테 그토록 고분고분했던 노태우가 대통령에 당선된 이후에 전두환이 한 짓을 통해서도 그 문제가 전두환에게 얼마나 중요했는가를 확연히 알 수 있다.

심지어 노태우 당선 후에도
자신의 안전 보장 대책 챙긴 전두환

— 노태우 당선 후 전두환은 그것과 관련해 어떤 조치를 취했나.

1987년 12월 28일 전두환이 최세창 외 11명 진급 및 보직 신고자의 삼정도에 수치를 달아주고 있다. 전두환은 노태우가 당선된 지 불과 열흘 만에 군 인사를 단행해 친위 세력을 군 요직에 앉혔다. 이미 군의 주요 보직에 자기 측근들을 상당수 앉힌 상태였는데, 퇴임을 앞두고 또 친위 세력을 요직에 등용한 것이다. 사진 출처: 국가기록원

　　노태우가 당선된 지 불과 열흘 만인 1987년 12월 26일, 전두환 은 군 인사를 단행해 친위 세력을 군 요직에 앉혔다. 이미 군의 주요 보직에 자기 측근들을 상당수 앉힌 상태였는데, 퇴임을 앞두고 또 친 위 세력을 요직에 등용한 것이다.

　　그 이유는 명확했다. 퇴임 후 영향력을 계속 행사하기 위한 목적 도 있었지만, 무엇보다도 자신의 안전을 보장하기 위해 그런 조치를 취한 것이었다. 아무리 자신에게 고분고분한 노태우라고 하더라도 일단 대통령이 되면 달라질 수밖에 없다는 걸 전두환은 알고 있었다. 그래서 이미 기용한 박희도 육군 참모총장, 민병돈 특전사령관, 이종 구 2군 사령관 외에도 합참의장에 최세창, 3군 사령관에 고명승, 보 안사령관에 최평우, 수방사령관에 김진영을 임명했다.

노태우는 이러한 인사를 대단히 불쾌하게 여겼다. 그래서 대통령에 취임한 후 반격을 가했다. 전두환의 측근들을 차례차례 물러나게 하고 자신이 예전에 거느렸던 부하들을 그 자리에 임명하는 방식으로 물갈이했다.

— 다른 사례로는 어떤 것이 있나.

이렇게 전두환은 퇴임 이후의 안전 대책으로 자신의 친위 세력 또는 측근들을 군 요직에 대거 앉혀놨는데, 거기서 그치지 않고 국가원로자문회의라는 '옥상옥'을 만들려 했다. 전두환 측은 1987년 헌법을 개정할 때 이미 국가원로자문회의, 이때는 국정자문회의라고 불렀는데, 그것에 관한 요구를 했다.

야당은 당연히 국가원로자문회의에 대해 반대했다. 그러나 결국 국가원로자문회의를 헌법에 명시하는 것에 찬동했다. '퇴임 후 차지할 그럴듯한 자리를 전두환이 요구하는데, 이것에 동의하지 않으면 전두환이 평화적으로 물러나지 않을 가능성이 있다. 받아주자', 이렇게 된 것이다.

그래서 1987년에 탄생한 새 헌법, 오늘날에도 쓰이는 이 헌법의 제90조를 보면 이렇게 돼 있다. "1. 국정의 중요한 사항에 관한 대통령의 자문에 응하기 위하여 국가 원로로 구성되는 국가원로자문회의를 둘 수 있다. 2. 국가원로자문회의의 의장은 직전 대통령이 된다. 다만, 직전 대통령이 없을 때에는 대통령이 지명한다." 이렇게 헌법에 명시해놓았다.

그러고 나서 전두환은 퇴임 한 달 전인 1988년 1월 16일 국가원로자문회의법을 국회에 내놓았다. 물론 야당은 이 법에 대해서도 반대했다. 그렇지만 전두환 퇴임 이틀 전인 그해 2월 23일 민정당은 국회 본회의에서 일방적으로 이 법을 통과시켰다.

김대중이나 김영삼의 당선을
전두환은 좌시할 수 없었다

── 국가원로자문회의를 통해 영향력을 행사하겠다는 전두환의 구상도 결국 물거품이 되지 않나.

1988년 4·26총선 결과 여소야대 국회가 탄생하면서 다행히 국가원로자문회의법은 폐기 처분을 당하고 말았다. 그러면서 사문화됐다.

> 전두환이 퇴임 후 안전 문제를 얼마나 중시했는가를 엿볼 수 있는 또 다른 사례가 박철언 회고록에 나온다. 임기 중반 무렵인 1984년 12월 3일 전두환은 장세동 경호실장, 허문도 정무1수석과 박철언 등을 따로 불러 전직 대통령의 예우와 경호를 보완해야 한다고 역설했다. 전두환은 자신이 단임 의지를 여러 번 천명했다고 얘기한 후, "(그러나) 후진국에(서)는 필사적으로 정권을 내놓지 않으려 한다"며 그 이유로 정치 보복 문제를 거론했다.
> 전두환은 이날 결론 격으로 이렇게 얘기했다. "전직 대통령에 대해서는 생존 기간은 물론이고 사후에도 직계 가족에 대해 형사 면책의 신분을 보장할 필요가 있다." 그러면서 그 방안을 박철언에게 중점 연구하라고 얘기하는 한편 당정 협의를 거쳐 정부 입법으로 추진할 것을 참석자들에게 지시했다. 대통령 본인이 재임 중 내란이나 외환의 죄를 제외하고는 형사 소추되지 않는 선을 한참 넘어, 전직 대통령 사후까지 그 직계 가족에게 형사 면책 신분을 보장하겠다는 것은 다시 한 번 헌법을 파괴하는 행위였다.
> 이 시기에 생존해 있던 전직 대통령은 5·16쿠데타 1년 후인 1962년 대통령직에서 중도 사퇴한 윤보선, 그리고 전두환·신군부가 끌어내린 최규하, 이렇게 두 사람뿐이었다. 그 이외에 전직 대통령 직계 가족으로 박근혜를 비롯한 박정희의 자녀들도 있었다.
> 그러나 전두환이 그와 같은 헌법 파괴적 지시를 내린 핵심 이유가 윤보선과 최규하의 직계 가족, 그리고 박근혜 등을 떠받들기 위해서라고 볼 수는 없다. 전직 대통령 사후까지 그 직계 가족이 형사 면책이라는 특권을 누리게 하겠다는 발상은 전두환 본인의 퇴임 후 자신 및 가족의 안전 문제와 떼어놓고 생각하기 어렵다. 전두환은 이날 "퇴임 후에도 당과 정부에 영향력을 행사하지 않을 수 없"다는 얘기도 덧붙였다.

이처럼 전두환은 1987년 대선 후 친위 세력으로 군 요직을 채웠다. 그것보다 더 큰 건 국가원로자문회의에 관한 부분이다. 전두환은 국가원로자문회의를 1987년 새 헌법에 명시하게 하고, 1988년 2월 퇴임 이틀 전에는 그것에 관한 법을 강행 통과하게 만들었다. 자신의 안전을 위해 가장 적합한 후계자라고 생각한 노태우가 당선됐는데도 전두환은 이렇게까지 나왔다.

그렇지만 전두환은 1988년 11월 결국 백담사로 귀양 비슷하게 떠날 수밖에 없지 않았나. 그것에 대해 전두환은 나중에 이렇게 얘기했다. "백담사 생활 초기에는 분노와 배신감, 억울함과 고독감으로 가득 차 있었다. 자다가 벌떡벌떡 일어나기도 했다."••

전두환은 퇴임 후 자신의 안전 문제에 신경을 곤두세웠다. 12·12 쿠데타 이후의 행적을 보면 그럴 수밖에 없기도 한데, 그런 전두환이 과연 1987년 대선에서 김대중이나 김영삼이 당선되는 것을 좌시할 수 있었겠는가. 결코 그럴 수 없었을 것이라고 판단할 수밖에 없다.

바늘에 실 가듯이 따라붙은
직선제와 김대중 사면 복권

—— 전두환·노태우는 어떤 대책을 마련했나.

•• 백담사로 떠날 무렵 노태우에 대한 전두환의 분노는 극에 달해 있었다. 백담사에 가기 보름 전인 1988년 11월 8일 전두환은 노태우 정권에서 요직을 맡고 있던 박철언 등 네 명을 불러 이렇게 얘기했다. "(동생 전경환에 이어) 형님이나 처남까지 또 잡아넣겠다는 것은 …… 노태우가 나에게 말 한마디 없이 그런 식으로 하면 아무리 대통령이지만 나한테 귀싸대기 맞는다."

노태우와 전두환에게는 직선제로 할 경우 야당 후보가 반드시 두 사람이어야 했다. 그러니까 양김이 모두 후보로 나와야만 한다는 게 중요했다. 1987년 6월 24일 전두환과 노태우가 직선제 문제를 논의할 때 그 자리에서 '직선제를 한다', '김대중을 사면 복권한다', 이 두 가지만 합의를 봤다고 전에 얘기하지 않았나. 6·26 국민 평화 대행진 상황을 보고 나서 결정하자는 전제를 달긴 했지만, 그 두 가지는 그야말로 바늘에 실 가듯이 항상 따라붙게 돼 있었다.

그래야만 김대중과 김영삼, 그 두 사람이 후보로 나올 것이다, 이 말이다. '지금까지 얘기를 들어보니까 김대중과 김영삼, 이 두 사람의 사이가 별로 안 좋다고 하더라. 그러니까 김대중을 사면 복권해 줘야만 한다'는 것이 전두환과 노태우의 머릿속에는 철칙 중의 철칙으로 자리 잡고 있었다.

6월 24일 전두환과 노태우가 직선제에 합의한 것에는 시위, 각계 인사들의 권유, 김영삼의 전두환 압박과 회담 결렬 선언 등이 작용했지만, 특히 6월 26일에 평화 대행진이 있다는 점, 어정쩡한 방안으로는 더 심하게 밀릴 수 있다는 점이 작용했지만, 이만섭과 전두환의 대화도 영향을 준 것이 틀림없다. 이만섭이 "직선제를 확정해놓고 영 시끄러우면 도리 없습니다. 비상 수습 내각을 구성해서 거기서 개헌하고 올림픽을 한다, 1년만 참으라고 할 수도 있습니다", 이런 얘기를 한 것도 마음에 쏙 들었겠지만 "동교동, 상도동 머리 처박고 싸우게 하라", 이만섭의 이 말이 그야말로 전두환의 답답한 가슴을 확 뚫어주지 않았겠나.

6·29선언 전날인 6월 28일 오전 전두환은 김성익 비서에게 이렇게 얘기했다. "김대중은 직선제가 되면 대통령 선거에 안 나오겠다고 했지만 안 나올 리가 없다. 김영삼도 마음을 비웠다고 했지만 그렇게

못할 것이다." 그날 오후에는 "김대중을 풀어주면 김영삼과 부딪치게
돼", 이렇게 얘기했다. 나중에 한 얘기여서 새겨들어야 할 것들이 있
지만, 6·29선언의 전말을 김성익에게 얘기할 때에도 전두환은 "직선
제를 받아들이는 것은 곧 김대중을 풀어 출마하도록 하는 걸 의미한
다. 야당 사람들과 만나서 깊이 있는 얘기를 들어보면 양김 씨는 서
로 안 믿는다고 했다. 철천지원수라는 거였다. 나는 양김 씨가 야당
의 후보로 단일화되어도 서로 열심히 뛰어주는 게 아니라 서로 못 되
게 할 것이라고 봤다. 김대중을 풀어주는 게 야당 세력을 약화시키는
작용을 하게 된다고 보았다"고 말했다. 이렇게까지 확신을 했고 꼭
김대중과 김영삼, 이 두 사람이 갈라져서 따로따로 후보로 나와야 한
다고 봤다.

전두환, 야당 승리에 대비해
비상 대책 마련했을 수도

— 6·29선언은 6월항쟁에 굴복한 결과이긴 했지만 다른 한편으로
는 '6·29는 속이구'라는 지적이 세간에서 적잖게 나온 것도 그
부분과 관련이 있다. 더욱이 양김은 6·29선언 이틀 후 "(19)80년
과 같은 우매한 짓"을 하지 않겠다고 선언까지 해놓고 끝내 "우
매한 짓"을 저지르며, 민주화를 열망한 사람들의 가슴에 씻을 수
없는 상처를 남겼다. 전두환·노태우의 노림수에 제대로 걸려든
셈 아닌가.

그게 현실로 나타나기는 했다. 그렇지만 전두환이 아무리 확신

을 했다고 하더라도 상황은 달라질 수도 있었다.

　물론 전두환은 노태우에게 직선제를 권유하면서 엄청난 선거 자금을 줬다고 나와 있다. 강준만 교수의 책에는 노태우 정권의 한 핵심 인사가 이렇게 말했다고 나온다. "(1987년) 대통령 선거 때 전 대통령이 선거 자금으로 민정당에 수천억 원을 지원한 (것) 외에 노 후보의 집을 방문해 1200몇 십 억 원을 별도로 줬어요. …… 그리고 대통령을 물러나면서도 상당한 돈을 정치 자금으로 물려줬어요."

　이렇게 엄청난 돈을 준 건 당연히 선거에서 이기라고 그런 것이다. 그렇다고 하더라도, '김대중을 사면하면 김대중과 김영삼 두 사람이 반드시 나온다. 그럴 경우 어마어마한 선거 자금을 지원하고 다른 몇 가지 프로젝트를 만들면 노태우가 당선될 수 있다', 99퍼센트는 이렇게 생각했다고 하더라도 그래도 나머지 1퍼센트에 대해서도 생각할 수밖에 없지 않았을까?

　나는 이 부분을 살펴보면서 그런 생각을 많이 했다. 전두환과 이만섭 국민당 총재가 6월 24일 영수 회담에서 화기애애하게 얘기했는데, 두 사람 다 민정당이 승리한다, 승리해야 한다는 것을 대전제로 했다. 그렇지만 그렇지 않을 수도 있었다. 그와 관련된 것으로 보이는데, 이만섭은 이런 놀라운 얘기를 전두환에게 해줬다. "또 하나는 직선제를 확정해놓고 영 시끄러우면 도리 없습니다. 비상 수습 내각을 구성해서 거기서 개헌하고 올림픽을 한다, 1년만 참으라고 할 수도 있습니다."

　'비상 수습 내각'이란 뭔가. 그런 내각은 딱 한 번 있었다. 박정희가 15년 전인 1972년 10·17쿠데타를 일으키고 자의적으로 그런 내각을 만들어 거기서 유신 헌법으로 '개헌'하고, 개헌이 아니고 민주헌정을 유린한 행위였지만, 수많은 악법을 제조한 것 아닌가. 나는 전두환도 직선제에서 노태우 패배가 예상되면 비상 조치를 '단행'하려고 했을 것으로 본다. 그래서 무언가 비상 조치 또는 비상 대책, 이런 것을 마련했을 가능성이 있다고 본다. 그럴 경우 그전의 사례와 비슷하게 그러한 비상 조치 또는 비상 대책은 6·29 이후 외신에 등장하는 군 개입 가능성 등 군 출동이나 남북 간 '충돌' 등 안보 문제나 어떤 굉장한 사건과 관련 있을 수도 있지 않았을까 싶다.

전두환과 노태우는 6·29선언 이후 야권 후보 단일화 문제가 제기될 때마다 신경이 바짝 곤두섰을 것이다. 양김이 갈라서서 두 사람 모두 출마하는 것이 확실해질 때까지 불안과 초조 속에 정말 조마조마한 마음으로 지냈을 것이다.

억눌린 노동자들의 인간 선언,
7·8·9월 노동자 대투쟁

도도한 민주화 물결, 여섯 번째 마당

노동자들, 6월항쟁으로
통제가 이완된 시기에 들고일어나다

김 덕 련　노동 문제는 독재 타도 문제와 더불어 1980년대 민주주의를 향한 투쟁의 양대 축이었다. 1987년 대통령 직선제를 쟁취한 6월 항쟁에 이어 그해 여름과 가을 전국을 뜨겁게 달군 노동자 대투쟁에 대해 살펴봤으면 한다.

서 중 석　7·8·9월 노동자 대투쟁으로 가보자. 6월항쟁에서 인천, 익산, 부산, 마산, 성남, 울산, 안양, 포항 등 여러 지역에서 생산직 노동자들이 시위를 벌였다. 넥타이 부대로 불린 사무직 노동자들의 시위도 관심을 끌었다. 이처럼 적잖은 노동자들이 6월항쟁에 참여했지만, 6월항쟁에서 노동 문제가 부각되거나 노동자들이 주도적 역할을 했다고 보기는 어렵다.

　6월항쟁은 정치의 민주화뿐 아니라 사회 각 부문의 민주화를 촉발했다. 사회 민주화의 중심 영역을 차지하고 있는 것이 산업 사회의 민주화였다. 박정희 유신 체제나 전두환·신군부 체제는 정치적 억압 체제였을 뿐 아니라, 산업 사회에 대해 특별히 강력한 억압 기제를 발동시켜 노동 3권을 무력화하고 노동 운동을 탄압했으며 노동 환경을 계속 열악한 상태에 묶어뒀다. 따라서 정치의 민주화가 진전되면 곧장 산업 사회의 민주화 운동으로 파급되게 돼 있었다.

　6월항쟁에 굴복해 6·29선언이 나오고 권력의 통제가 이완되자 자연스럽게 노동자들의 파업 투쟁이 폭발적으로 나타났다. 특히 7~8월에 집중적으로 나타났는데, 오랫동안 열악한 환경에서 억압당했던 노동자들이 엄청난 규모로 궐기했다. 세계 노동 운동 역사에서도 아주 드문 일이었다.

6·29선언이 나온 후 노동자들의 투쟁이 연이어 일어났다. 6월 29일 성남 택시 노동자들은 시민들과 함께 심야까지 가두시위를 전 개하면서 임금 인상 투쟁을 승리로 이끌었다. 7월 4일에는 광주 택시 노동자들이 기존 노조가 체결한 임금 협약의 부당성을 주장하며 가 두시위를 벌였다.

그러한 상황에서 7, 8, 9월 노동자 대투쟁으로 불리는 전국적인 노동자 투쟁을 촉발한 큰 사건이 바로 1987년 7월 5일에 있었던 울 산 현대엔진 노조 결성이었다. 권용목을 중심으로 한 현대엔진 노동 자들은 이날 노조를 결성하고, 7월 13일에는 노조 설립 신고증을 받 아냈다. 이로써 국내 굴지의 재벌인 현대 그룹에 드디어 노조가 발을 붙이게 됐고, 이것은 노동계뿐 아니라 사회 전반적으로 크게 주목받 았다.

이틀 후인 7월 15일에는 현대미포조선 노조가 결성됐다. 그런데 그다음 날(7월 16일) 회사 측이 현대미포조선 노조 설립 신고서를 울 산 시청에서 탈취하는 일이 벌어졌다. 현대미포조선 노동자들은 곧 바로 투쟁에 들어갔다. 결국 회사는 노조 설립 신고서를 노동자들에 게 돌려줄 수밖에 없었다. 그렇게 해서 현대미포조선 노조도 시청에 서 노조 설립 신고증을 받아내게 된다. 그 후 현대중공업, 현대자동 차, 현대중전기, 현대정공에 연이어 노조가 들어섰다.

울산 현대 노조 결성을 기폭제로
전국을 강타한 민주 노조 바람

— "내 눈에 흙이 들어가기 전에는 노조를 인정할 수 없다"는 유명 재벌 회장의 말에서 잘 드러나는 것처럼, 재벌을 주축으로 한 한국의 기업들은 노동자들을 억압하며 대놓고 노조를 금기시했다. 더욱이 끔찍한 대규모 학살과 전쟁을 거치며 기반을 다진 극우 반공 체제였기 때문에 대다수 노동자들은 오랫동안 움츠러들 수밖에 없었다. 그러한 한국 분위기를 대표하는 재벌 중 하나였던 현대에서 노조가 탄생한 사건은 노동자들에게 어떤 영향을 줬나.

현대엔진과 현대미포조선에서 노조를 결성하는 데 성공한 것은 노동자 대투쟁의 기폭제가 됐다. 노동자들이 현대라는 대재벌과 맞서 싸워 민주 노조를 결성했다는 소식은 다른 지역, 다른 부문의 노동자들에게도 커다란 자신감을 불어넣었다.

그런 속에서 광산 노동자들의 투쟁도 거세게 불이 붙었다. 7월 16일 민간 탄광으로 제일 큰 곳인 동원탄좌에서 투쟁이 벌어졌다. 이 투쟁은 해고자들의 무기한 단식 농성에서 시작됐다. 같은 날 동해 탄광 노동자들이 투쟁에 돌입했다. 7년 전 사북항쟁이 일어난 데가 바로 이 동원탄좌다. 18일부터는 태백 한보탄광 등에서도 투쟁이 벌어졌다. 광산 노동자들은 몹시 열악한 환경에서 고된 작업을 했고, 거기에다가 어용 노조에 시달렸다. 택시 노동자들과 함께 쉽게 불붙을 수 있는 업종이었다.

광산 노동자들의 투쟁은 8월에 더 확산됐다. 태백 황지광업소,

화순 호남탄좌, 정선 대성탄좌, 함백광업소 등에서 계속해서 광산 노동자들이 들고일어났다. 광산 노동자들의 투쟁은 8월 20일경까지 계속됐는데 노조 사무실을 비롯한 광업소 내 점거 농성에서 가두 진출, 철도 및 도로 점거로 나아가기도 했다. 이들은 근로 조건 개선 외에도 어용 노조 퇴진과 도급제 폐지, 월급제 쟁취 같은 임금 제도 변경을 요구했다.

다시 울산 상황을 살펴보면, 투쟁의 불길은 현대 그룹 너머로 번졌다. 7월 17일과 18일에 울산 택시 노동자들이 투쟁에 돌입했다. 7월 하순에는 풍산금속, 태광산업, 동양나이론 등 울산 지역 대부분의 사업장으로 투쟁이 번져갔다.

부산에서도 큰 사업장에서 파업 농성이 연쇄적으로 벌어졌다. 마산, 창원 지역에서도 한국중공업, 현대정공 창원 공장, 효성중공업, 대우중공업, 삼성중공업 등 대규모 사업장에서 파업 투쟁이 전개됐다. 인천에서도 7월 중순부터 파업 투쟁이 번지다가 8월 6일 대우중공업 파업 농성을 계기로 지역 전체로 퍼졌다. 7월 말 이후 노동자 투쟁은 대구, 구미, 광주, 익산, 성남, 부천, 안양, 안산 등 전국의 공단지대로 번져갔다. 사측에서는 구사대도 동원해보고 어용 노조를 설립하는 방안도 내놓는 등 온갖 방법으로 노동자 투쟁을 막아보려 했지만, 터져 나오는 민주 노조 결성 움직임을 막을 수는 없었다.

전두환 정권은 노동자 투쟁에 전과는 아주 다르게 직접 개입을 자제했다. 갑자기 폭발적으로 터졌고 6월항쟁 직후였기 때문이겠지만, 대선과 관련해 민심에 촉각을 곤두세우지 않을 수 없기 때문이기도 했다.

대기업 노조의 위력 보여준
현대 그룹 노동자들

── 8월 이후 상황은 어떠했나.

노동자 대투쟁은 8월에 절정에 이르렀다. 8월 8일에 있었던 현대그룹노조협의회 결성과 대우조선 파업을 시작으로 전 산업, 전 지역, 전 사업장으로 확산됐던바, 대투쟁 제2기라고 부를 만한 투쟁이 폭발했다. 그중에서도 특히 8월 17~18일 울산에서 엄청난 규모의 투쟁이 일어났다. 이건 정말 엄청난 위력을 보여준 투쟁이었는데, 현대그룹 산하 11개 기업의 노조 대표자들이 결성한 현대그룹노조협의회의 교섭 요구를 회사 쪽에서 묵살하면서 시작됐다.

8월 17일 현대중공업 노동자들은 바리케이드를 밀어내고 정문을 돌파했다. 현대미포조선 노동자들이 현대중공업 운동장에 합류하면서 연합 시위가 시작됐다. 경찰이 행진하는 노동자들에게 최루탄

1987년 8월 현대중공업 노동자들이 각종 중장비를 들고 행진하고 있다.

1987년 8월 현대중공업, 현대자동차 노동자들이 행진하고 있다. 노동자 대투쟁은 8월 17~18일 현대 그룹 노동자들의 투쟁으로 정점에 이르렀다.

을 퍼붓고 사측은 단전, 단수 조치를 취하는 등 강경하게 대응하면서 노동자들의 분노가 더 커졌다.

18일에도 시위가 벌어졌는데, 전날보다 규모가 더 커졌다. 엄청난 숫자의 현대 그룹 노동자들뿐만 아니라 노동자 가족 3,000여 명까지 현대중공업 정문 앞에 집결했다. 이들은 정주영 회장 및 족벌 체제 타도 화형식을 거행한 뒤 덤프트럭, 소방차, 지게차 등을 앞세우고 거리를 행진하기 시작했다. 한 자료에는 이때 행진 참가자가 무려 4만 명이 넘었다고 나오는데, 그것보다도 인원이 더 많았다고 나오는 자료도 있다.

이렇게 되니까 전경들도 어떻게 할 수가 없었다. 어마어마한 숫자의 노동자들이, 그것도 덤프트럭 같은 걸 앞세우고 밀려오는 상황에서 전경들도 딱히 손을 쓸 방법이 없었다. 노동자들의 행진 대열은 4킬로미터가 넘었다. 이들은 울산 공설 운동장까지 16킬로미터를

행진한 다음 거기서 집회를 열었다. 엄청나게 규모가 컸고, 그야말로 장관이었다. 노동자 대투쟁은 8월 17~18일 현대 그룹 노동자들의 투쟁으로 정점에 이르렀다.

또다시 최루탄에 희생된 청춘, 대우조선 노동자 이석규의 죽음과 장례

—— 6월항쟁 과정에서 대학생 이한열이 최루탄에 맞아 숨진 데 이어 노동자 대투쟁 과정에서는 노동자가 최루탄에 맞아 숨지는 일이 발생하지 않았나. 공교롭게도 이한열과 같은 나이인 21세의 대우조선 노동자 이석규는 뜨거웠던 그해 여름 그렇게 세상을 떠났다.

엄청난 규모의 노동자 투쟁은 8월에 들어와서 전 산업, 전 지역에 걸쳐 확산됐다. 예컨대 8월 셋째 주인 17일에서 23일까지 1주일 동안 880건의 파업이 발생했고 113개의 노조가 새롭게 만들어졌다.

8월 하순 대우조선 노조 결성과 이석규 장례 관련 투쟁은 회사와 전두환 정권을 한 축으로 하고 노동자와 재야 세력을 다른 한 축으로 한 대결이었고, 전두환 정권이 6월항쟁 이전과 비슷한 행태로 탄압하면서 노동자 대투쟁이 약화되는 계기가 되기도 했다. 거제 대우조선 노동자들은 8월 8일 '민주 노조 결성, 임금 인상'을 외치면서 투쟁을 시작했다. 12일 노조 설립 신고증을 교부받은 대우조선 노조는 회사 측과 협상했으나 결렬되자 8월 22일 시위에 돌입했다. 그때 경찰의 최루탄 난사로 21세의 이석규가 직격탄을 맞고 쓰러졌다.

최루탄에 숨진 노동자 李錫圭 장례식
사진 田敏晧·趙景澈

1987년 8월 28일 최루탄에 맞아 숨진 노동자 이석규의 장례식. 이석규 장례식은 전두환 정권 개입의 신호탄이었다. 전두환 정권은 노동자 대투쟁을 '불순 세력 개입', '좌경 용공', '노사 분규의 정치적 이용' 등으로 몰아갔고 언론은 앵무새처럼 매도했다.

　　이석규의 죽음 후 장례 문제를 둘러싼 대립이 발생했다. 회사는 '선 장례, 후 협상'을 주장했고, 국민운동본부를 중심으로 발족한 장례준비위원회는 '살인자 처벌, 정부의 공식 사과'를 요구했다. 임금 인상 합의가 이뤄지면서 8월 28일 장례식이 치러졌다. 그런데 바로 이날 전국 주요 도시에서 열릴 예정이던 '고 이석규 민주 노동 열사 추모 대회'가 경찰에 의해 봉쇄되고 많은 사람이 연행됐다. 이석규 영구차는 광주 망월동 묘지로 가지 못하고 경찰에 의해 남원으로 끌려갔고, 그렇게 해서 시신이 밤늦게 그곳에 매장됐다.

　　이석규 장례식은 전두환 정권 개입의 신호탄이었다. 전두환 정권은 이미 8월 중순부터 공권력 투입을 얘기했고, 하순에는 직접적인 탄압에 들어갔다. 전두환 정권은 노동자 대투쟁을 '불순 세력 개입', '좌경 용공', '노사 분규의 정치적 이용' 등으로 몰아갔고 언론은 앵

무새처럼 매도했다. 이석규 장례식 전날인 27일 김정렬 총리가 '좌경 용공 세력 척결을 위한 담화'를 발표하면서 전두환 정권은 대대적인 탄압으로 나왔다.

8월 28일 이석규 장례식에 대해 경찰이 강경 탄압으로 나오면서 노동자들의 투쟁은 급속히 위축됐다. 그 이전에는 노동자 대투쟁이 폭발적으로 전개된 데다 6월항쟁에서 이어진 사회 전반적인 분위기 때문에 전두환 정권이 직접 개입을 자제했고, 경찰이 강하게 나서지 못했다. 대규모 노동자 투쟁이 전개되는 데 이 점도 상당한 요인이 됐다.

이석규 장례식과 관련해 933명을 연행하고 67명을 구속한 것을 시작으로 전두환 정권은 노동자 투쟁을 강압적으로 억눌렀다. 9월 1일 삼척탄좌 정암광업소 파업 농성장에서 500여 명을 연행했고, 4일에는 대우자동차와 현대중공업 파업 농성장에 경찰을 투입해 대우자동차 95명, 현대중공업 40명을 구속했다.

전두환 정권이 강경하게 탄압하면서 노동자 투쟁은 약화됐다. 예컨대 8월 넷째 주에는 쟁의 745건에 16만 1,000여 명이 참가했는데 9월 첫째 주에는 444건에 7만 9,000명으로 줄었고, 둘째 주에는 70건에 9,000명, 셋째 주에는 49건에 7,000명으로 크게 줄었다.

7·8·9월 노동자 대투쟁, 세계 노동 운동사를 다시 쓰다

— 노동자 대투쟁을 약화시킨 건 전두환 정권의 강경 탄압만이 아니었다. 숱한 언론은 노동자 대투쟁에 '좌경 용공', '불순 세력',

'악성 분규' 등의 딱지를 붙이며 왜곡 보도했다. 박정희 정권 이래 계속된 병영 같은 공장, 장시간 노동, 그리고 기록적인 3저 호황임에도 별반 달라지지 않은 저임금 체제를 비판하며 "인간답게 살고 싶다"고 외친 노동자들을 매도했다. 아울러 6·29선언 이후 대선에 매몰돼 노동자를 외면한 야당의 행태도 빼놓을 수 없다. 그처럼 불리한 여건에서도 대규모로 전개된 노동자 대투쟁, 전반적으로 어떻게 평가하나.

1987년 7월, 8월, 9월에 걸친 노동자 대투쟁은 전 지역, 전 산업에서 일어난 대규모 파업이었다. 노동자 대투쟁은 한국에서 노동자 계급이 형성된 이래 최대의 투쟁이자 세계사에서도 보기 드문 투쟁이었다.

1987년 6월 29일부터 10월 31일까지 총 3,311건의 노동 쟁의가 일어났는데 그 가운데 97.7퍼센트인 3,235건이 파업이었다. 참여한 인원은 상용 노동자 333만 명의 36퍼센트가 넘는 122만여 명에 달했다. 이 시기 노동 쟁의 건수는 전년도(1986년) 쟁의 건수(276건)의 12배에 달했고, 1977년부터 10년간 발생한 노동 쟁의 건수(1638건)의 두 배가 넘었다. 6월 말 2,700여 개였던 노조가 노동자 대투쟁을 거치면서 1987년 말에는 4,000개가 넘게 됐고, 같은 시기에 조합원은 105만여 명에서 126만여 명으로 증가했다.

이전보다 훨씬 규모가 큰 투쟁이었을 뿐만 아니라 주축 세력에서도 변화가 있었다. 1970년대의 노동 투쟁에서는 규모가 그리 크지 않은, 그리고 여성들이 주축인 민주 노조들의 투쟁이 중심을 이루고 있었다. 1980년대 전반기에도 대체로 비슷한 모습을 보였다. 이와 달리 1987년 노동자 대투쟁은 전 지역, 전 산업에서 사업장 규모와 관계없이 전개되긴 했지만 그중에서도 특히 중화학 공업 분야의 대기업 생산직 남성 노동자들이 투쟁의 중심에 서 있었다. 그 점에서 그 이전의 투쟁과 명확히 다른 면이 있었다.

1,000인 이상 대기업이 374개였는데 이 중 50퍼센트가 넘는 200개 사업체에서 파업이 발생했다. 지역적으로는 울산, 마산, 창원, 거제 등 경남 지역 중화학 공업 사업체에서 대거 참여했다. 이 지역은 파업 참가자 수가 39만 명으로 전체 파업 참가의 32.2퍼센트를 차지했다. 서울, 인천, 경기가 32.1퍼센트로 그 뒤를 이었다. 파업은 이처럼 초기에는 대기업 사업장에서 시작됐고 점차 중소 영세업체로 확산됐다. 또 모든 산업 분야에서 일어났지만 제조업이 1,740건(53.8퍼센트), 운수업이 1,186건(36.7퍼센트)으로 제조업과 운수업이 전체 파업 건수의 90.5퍼센트를 차지했다.

노동자들은 기본적 권리 보장, 임금 인상, 억압적이고 병영적인 노무 관리 철폐 등 노동 현장 민주화, 노조 결성과 조합 활동 보장 등 노사 관계 민주화를 요구했고 노동 환경 개선과 각종 차별적인 제도의 철폐도 강력히 주장했다.

이것을 구체적으로 살펴보자. 노동부가 집계한, 노동자 대투쟁 과정에서 제시된 노동자 요구 사항은 총 1만 4,957개에 이르렀다. 이 중 임금 및 수당, 퇴직금 인상에 관한 것이 전체의 50.2퍼센트인 7,372개다. 노동 시간 단축, 휴일 휴가, 작업 환경, 후생 복지 등 노동 조건 개선은 3,656개로 24.9퍼센트, 단체협약 체결, 노조 결성, 노조 활동, 노조 민주화 등의 요구는 1,203건, 경영 및 인사에 관한 요구는 1,202건으로 각각 8.1퍼센트를 차지했다.

—— 노동자 대투쟁, 어떻게 평가하나.

노동자 대투쟁의 의의와 한계는 노동 전문가 이원보가 잘 정리했다. 노동자들은 석 달이라는 짧은 기간 동안의 투쟁으로 장기간 존속돼온 노동 통제 체제를 상당 부분 무너뜨리고, 대대적인 탈법 파업 투쟁으로 노동 기본권을 유린한 노동 관계법을 무력화했다. 그 이전까지 사용자 측이 일방적으로 결정한 임금, 노동 조건을 노사 당사자의 단체 교섭으로 결정하게 한 것도 획기적이었다. 노동자들은 새 노조 결성, 어용 노조 민주화 등으로 노조 활동의 민주화를 이뤄냈다. 노동자 대투쟁은 광범한 노동 대중을 단련시키고 사회, 정치 의식과 자신의 조직을 진전시킨 중요한 계기가 됐다. 그야말로 '10년을 하루에 뛰어넘은' 거대한 비약을 이뤄냈다.

한계도 있었다. 대중적이고 대규모였지만 계획적, 조직적이기보다는 대부분 자연 발생적인 투쟁이었다. 조직적인 지도력도 약해서 투쟁 성과가 조직적 역량의 결집과 강화로 이어지지 못했다. 지역별, 재벌 그룹별, 산업별 연대 투쟁이 시도되기도 했으나 대개 지역의 울타리를 넘어 노동자 계급으로서 연대를 꾀하지 못했고, 통일된 투쟁도 대개 추진하지 못했으며, 투쟁 목표에서도 단위 사업장에서 경제적 요구를 제기하는 데 그쳤고 전 계급적, 제도적 요구로 발전시키지 못했다. 투쟁 후반기에 전두환 정권, 사업주, 언론 등 지배 세력의 '불순 세력 개입', '좌경 용공' 등의 케케묵은 이데올로기 공세에 노동자들이 제대로 대응하지 못했고, 그것에 탄압까지 있자 노동자 대투쟁은 끝을 맺었다.

6월항쟁의 계승이자
그에 못지않게 중요한 노동자 대투쟁

── 6월항쟁과 노동자 대투쟁의 관계, 어떻게 보나.

6월항쟁에서도 여러 노동자들이 노동 3권 보장 등 노동 문제에 대해 요구를 했다. 그렇지만 그때는 기본적으로 노동자 권익 투쟁에 중심을 둔 게 아니라 독재 타도, 호헌 철폐, 직선제 쟁취 같은 정치적 민주주의 문제에 더 비중을 두고 투쟁했다.

노동자 대투쟁은 6월항쟁의 계승이라고 할 만하다. 투쟁 방법을 보더라도 6월항쟁 때 하던 방식을 많이 배운 것이 파업 투쟁에 큰 도움이 됐다. 6월항쟁에서 나타난 강력한 투쟁 동력을 이어받은 면도 강했다. 그러면서 6월항쟁에서 빠져 있던, 민주주의의 강력한 보완 요소로서 노동자의 기본권 쟁취라는 면이 7·8·9월 노동 투쟁으로 이어져 전개된 것이다. 다시 말해 6월항쟁이 기본적 민주주의를 쟁취하기 위한 것이었다면 대투쟁은 바로 그걸 계승해서 노동자들의 기본적 권익, 몇 십 년 동안 억압 속에서 제대로 행사할 수 없었던 그 권익을 쟁취하려 한 투쟁이었다. 그런 점에서 6월항쟁과 노동자 대투쟁은 큰 틀에서 목표가 동일한 투쟁의 앞과 뒤라고 할 수 있는 면이 다분히 있다.

── 노동자 대투쟁은 6월항쟁과 이어져 있으며 중요성에서도 그에 못지않다고 생각한다. 정치 영역으로 한정하지 말고 경제를 비롯한 전 영역에서 민주주의를 확산하는 것이 오늘날 한국 사회의 중요한 과제임을 감안하면 더욱 그러하다.

그런데 그러한 중요성에 걸맞지 않게 그동안 현실에서는 노동자 대투쟁을 제대로 다루지 않거나 또는 6월항쟁과 무관한 것처럼 따로 떼어서 바라보는, 즉 노동 운동을 제외한 여타 민주화 운동 세력은 6월항쟁 위주로 기념하고 노동 운동 쪽만 노동자 대투쟁을 기념해야 하는 것처럼 여기는 경향이 있었던 것 아닌가 싶다. 6월항쟁과 노동자 대투쟁을 통합적으로 이해하는 것이 중요하다고 보는데, 이 문제를 어떻게 생각하는지 궁금하다.

6월항쟁은 모두 함께 기념할 만한 일이겠고 노동자 대투쟁도 민주주의의 진전에서 중요한 한 부분을 이뤄냈다는 점에서 같은 의미로 중시해야 할 터이다. 그런데 노동자 대투쟁을 사회 전반적으로 기념하는 움직임은 사실상 없는 것 아닌가? 그렇게 눈에 띄는 게 있었던 것 같지 않다.

왜 그렇게 됐느냐. 이원보 주장에서도 나온 것처럼 대개 개별적인 기업별 투쟁으로 전개됐기 때문이다. 물론 울산 같은 데서는 현대그룹 산하에 있는 각 기업 노동자들이 연합 시위를 하기도 했지만, 그런 일부를 제외하면 거의 대부분 기업별로 투쟁을 전개했다. 다른 말로 하면 노동자 대투쟁은 노동자들이 사업장을 넘어 동시에 조직적으로 행동한 총파업 투쟁이 아니었다.

그렇다 보니까 7월, 8월, 9월에 걸쳐 일어난 노동자 대투쟁을 하나로써 노동자들이 기념하는, 즉 '우리 운명을 바꿔놓은 아주 중요한 투쟁으로 기념할 만한 일이다'라고 하면서 어느 한 시점을 잡아서 기념하는 활동을 찾아보기 어렵게 됐다. 대부분 기업별로 다른 날짜에 투쟁했기 때문이다. 앞으로 노동자들이 노동절, 그리고 전태일이 분신한 11월 13일 같은 날만이 아니라 더 기념할 만한 것을 모색할 때 노동자 대투쟁이 다시 논의될 수 있겠다는 생각이 든다.

민주 노조들의 전국 조직,
민주노총 출범

── 대투쟁 이후 노동 운동 상황을 간략히 짚어봤으면 한다.

노동자 대투쟁 이후에도 노조 결성은 계속됐다. 1986년에 노조 2,675개, 조합원 103만여 명이었는데 1989년에는 노조 7,883개, 조합원 193만여 명으로 크게 늘어났다. 노조 숫자가 약 3배로 늘어나고 조합원이 87퍼센트나 증가한 것이다. 1986년에 12.3퍼센트였던 조직률도 1989년에는 18.6퍼센트로 상승했다.

그러나 1989년이 정점이었다. 그 후 노조 숫자도, 조합원 수도 줄어들었다. 1992년에는 노조가 7,527개, 조합원이 173만여 명으로 줄었고 조직률은 15.0퍼센트로 낮아졌다. 파업 건수도 비슷한 변화를 보였다. 1986년 276건에서 1987년 3,749건으로 급증했다가 1988년과 1989년에는 각각 1,873건, 1,616건을 기록했다. 1990년대에 들어오면 급격히 감소해서 1990년 322건, 1991년 234건, 1992년 235건을 기록하며 1986년 수준으로 돌아갔다.

노동자 대투쟁을 통해 새로 조직된 노조들은 어용이라는 비판을 받던 한국노총에서 나와 자신들의 독자적 조직을 갖고자 했다. 1987년 12월 마산창원지역노동조합총연맹(마창노련)이 생긴 것을 시작으로 1989년까지 11개의 지역별 노조 협의회(지노협)가 결성됐다. 제조업 부문에서 새로 생긴 노조들이 지노협의 주축을 이뤘다. 비제조업 부문에서는 1987년 11월에 조직된 전국사무금융노동조합연맹을 시작으로 1989년까지 언론, 화물, 병원 등을 비롯한 11개 업종별 노동조합 협의회(업종협)가 결성됐다.

민주 노조들은 1988년 '전국 노동법 개정 투쟁 본부'를 결성하고 제3자 개입 금지 규정을 비롯해 복수 노조 금지, 노조의 정치 활동 금지, 공익사업에 대한 직권 중재, 공무원과 교사의 단결 금지 등 노동 기본권을 제한한 법률을 철폐하라고 요구했다. 그러면서 전국적 노조의 결성을 지향해 1990년 1월 전국노동조합협의회를 결성했다. 이게 전노협인데 여기에 지역 협의체 14개, 업종별 조직 2개, 단위 노조 456개, 조합원 16만 6,307명을 포용하게 됐다.

전국 조직에 대한 민주 노조 진영의 열망은 더욱 커져 1993년 6월 전국노동조합대표자회의가 발족했고 그다음 해 11월에는 전국민주노동조합총연맹(민주노총) 준비위원회가 구성됐다. 1995년 11월 11일 마침내 민주노총이 창립 대회를 열었다. 창립 당시 가입 노조는 862개, 조합원은 41만 8,153명이었다.

농민·빈민·문화·교육·언론 운동 등에
6월항쟁 후 불어온 새바람

도도한 민주화 물결, 일곱 번째 마당

농민들, 전농 결성하고
신자유주의 반대 투쟁

김 덕 련 지난번에 1987년 6월항쟁에 이어 터져 나온 7·8·9월 노동
자 대투쟁에 대해 살펴봤다. 노동자 대투쟁이 그 시기에 일어나는 데
에는 6월항쟁으로 권력의 통제가 느슨해진 시점이라는 점도 작용했
다. 이번에는 노동 부문 이외의 사회 운동에서 6월항쟁 전후 어떠한
변화가 발생했는지 간략히 짚어봤으면 한다.

서 중 석 먼저 농민 운동을 보자. 1970년대에 천주교 등 종교계를 중
심으로 전개됐던 농민 운동은 1986년부터 대중 노선에 입각한 대중
조직 운동으로 변화했다. 그러한 흐름 속에서 1987년 2월 26일 전국
농민협회가 창립된다. 그리고 곧이어 일어난 6월항쟁에 가톨릭농민
회 농민 등 많은 농민들이 적극 참여했다. 시위가 많았던 전주, 안동,
천안, 마산 등지에서 농민들은 눈에 띄게 활발한 투쟁을 벌였다.

그 후에도 농민들의 투쟁과 통일, 단결 노력은 계속됐다. 1988년
11월에는 가톨릭농민회, 기독교농민회, 전국농민협회 등이 농민 운동
단체 대표자 회의 소집을 결정했다. 그렇게 해서 1989년 3월 전국농
민운동연합(전농연) 창립 대회가 열렸는데, 전국농민협회는 전농연에
불참했다. 그렇지만 전농연과 전국농민협회는 전국 단일 조직을 건
설하자는 논의를 이어갔다. 그 결과물로 1990년 4월 24일 전농연, 전
국농민협회, 그리고 독자적인 대중적 군 단위 농민회와 YMCA농민
회 등 72개 군 조직의 대의원들이 참석해 전국농민회총연맹(전농)을
결성했다. 또한 1989년부터 가톨릭여성농민회와 기독교농민회 여성
위원회를 중심으로 여성 농민 조직 통합 움직임이 본격적으로 전개

돼 1992년 1월 20일 전국여성농민회총연합회가 탄생했다.

전농 창립 후 농민 운동은 전농을 중심으로 전개됐다. 그런데 전농이 결성된 시기는 전 세계에서 신자유주의가 확산되던 때였다. 신자유주의의 거센 물결에 대항하는 것이 전농의 주요 활동이 될 수밖에 없었다.

전농은 우리 농업 지키기 범국민운동본부를 조직해 가트GATT-우루과이라운드UR 협상에 대처했다. 1993년 이 협상이 타결될 때까지 전농은 계속 투쟁을 전개했다. 그 후에는 또다시 농업의 희생을 강제하는 형태로 진행된 여러 FTA에 반대하는 활동을 전개했다. 아울러 전농은 가톨릭농민회를 중심으로 전개돼온 우리 밀·콩 살리기 운동, 우리 농촌 살리기 운동을 확대하고 한살림을 비롯한 소비자 생협 운동과 연대를 강화하는 한편 먹을거리 안전성에 대한 계몽 운동 등을 펼쳤다.

"86, 88이 사람 죽인다"
강제 철거에 맞선 빈민들의 생존권 투쟁

—— 빈민 운동 쪽은 어떠했나.

해방 후 서울을 비롯한 대도시에는 달동네, 판자촌 등으로 불린 빈민촌이 많이 있었다. 1950년대 이래 이 문제를 어떻게 처리할 것인지가 사회적으로 큰 과제가 됐다. 그런 속에서 1960년대 후반에는 재개발 문제가 등장했고 1971년 광주 대단지 사건이 일어났다.

1980년대에는 강제 철거 문제가 사회 문제로 빈번히 등장했다.

1985년 3월 21일 목동 주민들이 주거 보장 대책 없는 주택 개발 계획의 전면 수정을 요구하고 있다. 사진 출처: 경향신문

재개발이 건설업체의 이해관계와 맞물리면서 그렇게 된 것인데, 그 중에서도 서울 목동과 상계동 같은 곳에서 큰 규모의 철거 반대 투쟁이 일어났다.

목동의 경우 1983년 서울시가 목동 지역에 공영 개발 방식으로 신시가지를 조성하겠다고 발표했다. 토지와 건물을 서울시가 수용한 다음 아파트를 짓겠다는 것이었다. 그렇지만 이건 그곳에 살던 주민 중 상당수에게는 받아들이기 어려운 일이었다. 5,200세대 정도가 그곳에 거주했는데, 그중 약 절반이 무허가 판자촌을 수용당하면 아파트 분양권을 받더라도 입주할 능력이 없었다. 판자촌은 싼값에 수용당하는 반면 새로 지은 아파트는 가격이 폭등할 게 분명해 보였다. 그리고 세입자들은 그것보다도 더 형편이 어려웠다.

이 때문에 무허가 주택 주민들은 임대 주택을 짓고 입주권도 보

다큐멘터리 〈상계동 올림픽〉의 한 장면. 철거는 매우 폭력적인 방식으로 진행됐다. 그해 6월 26일에는 철거 과정에서 사람이 죽기까지 했다. 그 후 여러 차례 공방전이 벌어졌고 철거반원들의 위협과 폭력이 상시적으로 일어나다시피 했다.

일곱 번째 마당

장하라고 요구했다. 세입자들도 임대 주택 건설을 주장했다. 목동 철거 반대 투쟁은 100차례가 넘는 집회와 시위를 거치면서 2년 정도 계속됐는데, 이전에 다른 지역에서 벌어진 투쟁에 비해 조직적으로 장기간에 걸쳐 이뤄졌다는 게 특징이다. 가두 점거 농성, 구청 진입, 경찰서 앞 시위 등을 지속적으로 벌였다. 주민들은 1984년 8월 양화 대교를 점거했고, 그해 12월에는 경인고속도로를 차단했다. 이처럼 목동 철거 반대 투쟁이 큰 규모로 장기간 계속되는 데 빈민 운동가들이 상당한 역할을 했고, 운동권 학생들도 지역 주민들과 적극적으로 결합했다.

── 상계동 쪽도 〈상계동 올림픽〉이라는 다큐멘터리가 만들어질 정
　　도로 폭력적인 철거 문제가 심각하지 않았나.

　　목동에 이어 규모가 큰 재개발 구역이 된 사당 3동과 상계 5동에서도 지역 주민들의 반대 투쟁이 일어났다. 상계 5동의 경우 1986년 3월에 구성된 세입자 대책위원회를 중심으로 시위와 집회 투쟁을 벌였다. 이것을 천주교 단체들이 적극 지원했다. 철거는 매우 폭력적인 방식으로 진행됐다. 그해 6월 26일에는 철거 과정에서 사람이 죽기까지 했다. 그 후 여러 차례 공방전이 벌어졌고 철거반원들의 위협과 폭력이 상시적으로 일어나다시피 했다.

　　주민들이 치열하게 투쟁했지만 1987년 4월 남아 있던 가옥들이 모두 강제로 철거되고 말았다. 그 후 주민들은 명동성당에 천막을 치고 생활했다. 이 사람들은 6월항쟁이 한창이던 시기를 명동성당에서 보냈다. 전에 명동성당 농성 투쟁을 다룰 때 얘기한 것처럼, 상계동 철거민들은 명동성당에 쫓겨 들어온 시위대에게 솥을 걸어 라면도

끓여주고 빨래도 해주고 잠자리도 제공하면서 6월항쟁에 적극 참여했다.

빈민촌 철거 문제는 86아시안게임과 88올림픽 때문에 여러 차례 사회 문제가 됐다. 강제 철거는 대단히 폭력적이어서 1986년 한 해 동안 철거 현장에서 숨진 사람이 5명이나 됐고, 1986년에서 1988년 2월까지 놓고 보면 14명이 강제 철거 때문에 사망했다. 재개발 과정에서 중요하게 내세운 명분이 86아시안게임과 88올림픽이어서 "86, 88이 사람 죽인다"는 말까지 나돌았다. 노점상 단속도 이때 아주 심했다.

이렇게 계속 당할 수만은 없다고 생각한 각 지역 철거민들은 6월항쟁 직후인 1987년 7월 17일 서울시철거민협의회를 만들었다. 노점상들은 그해 10월 전국노점상연합회를 만들었다. 1989년 11월에는 서울시철거민협의회, 천주교도시빈민협의회, 기독교빈민협의회 등 여러 단체가 모여 전국빈민연합을 결성했다.

문화, 예술, 사상, 학문 세계에
불어온 자유의 바람

— 문화, 예술 분야에서도 6월항쟁 이후 상당한 변화가 나타나지 않았나.

6월항쟁으로 문화, 예술 분야에서 큰 변화가 생겼다. 1987년 8월 18일, 공연 금지곡으로 지정돼 있던 382곡 중 186곡이 해금됐다. 서민이 즐겨 부르던 〈동백 아가씨〉를 비롯해 〈왜 불러〉, 〈거짓말이야〉

등이 이때 족쇄에서 풀렸다. 9월 5일에는 김민기의 〈아침 이슬〉 등 방송 금지곡 500곡이 해금됐다. 또한 〈임을 위한 행진곡〉, 〈파업가〉, 〈진짜 노동자〉 같은 운동권 가요가 시위대나 노래패에 의해 불리며 시위 및 파업 현장을 뜨겁게 달구게 된다. 탈패의 마당극, 풍물패의 풍물놀이가 대학가든, 공장이든, 농촌이든 이제 자유롭고 활기차게 펼쳐졌다.

9월 1일에는 영화 시나리오 사전 심의 제도가 폐지됐다. 그리고 정치적인 이유로 전두환 정권 때에는 볼 수 없었던 우수한 해외 영화도 볼 수 있게 됐다. 1920년대부터 많은 한국인이 존경한 인물인 간디를 그린 영화 〈간디〉가 그런 경우다. 아카데미상을 여러 개 받은 작품인데, 긴 행렬을 이룬 소금 불매 운동 등 영국과 맞선 거대한 민중 투쟁 장면이 있다고 해서 전두환 정권 내내 수입되지 못했던 이 영화를 한국에서 볼 수 있게 됐다.[•] 우리가 어렸을 때 '장발장'이라는 제목으로 널리 읽혔던 〈레미제라블〉도 그전에는 파리 시민들이 바리케이드를 사이에 두고 투쟁하는 장면 수십 분 분량이 잘린 채 TV에서 방영됐는데, 이제는 원작 그대로 볼 수 있게 됐다. 또한 전두환 정권의 탄압에 굴하지 않고 싸웠던 미술계, 연극계, 음악계에서도 자유의 신선한 새 바람이 불었다.

6월항쟁 후 판금 도서도 일부 해제되고 공연의 사전 심의제도

• 1982년 작품인 〈간디〉는 노태우 정권 때인 1989년 한국에서 상영됐다. 이 무렵, 6월항쟁 이후 불어온 자유의 바람을 타고 〈간디〉뿐만 아니라 군사 독재 시기 아르헨티나를 다룬 〈오피셜 스토리〉, 엘살바도르 내전을 소재로 한 〈살바도르〉 등 정치 문제를 다룬 해외 영화가 연이어 국내 관객을 만났다. 이에 대해 1989년 4월 11일 자 동아일보는 "민중의 저항을 주제로 한 정치 영화가 계속 수입되면서 붐을 이루고 있다"며 여기에는 "'종전에는 수입이 불가능했으며 국내에서 보라고 상상도 못했던 영화'라는 특수성이 관객을 자극하리라는 (영화 수입업자들의) 계산"도 작용하고 있다고 보도했다.

철폐돼 합법적인 활동 공간이 넓어진 가운데 1988년 11월 한국민족예술인총연합(민예총) 발기인 대회가 열렸다. 여기에는 문학, 미술, 민족극, 영화, 음악, 춤, 건축, 사진 부문의 문화 예술인들이 참여했다. 민예총은 1988년 12월 23일 "참된 민중적 민족 문화 예술의 기틀"을 마련하는 것을 목표로 창립총회를 열었다

── 한국 현대사에 대한 관심이 더욱 커지고 북한 바로 알기 운동도 일어나지 않았나.

1987년 10월 19일 판금 도서 650종 중 431종이 해금된 데서도 드러나듯이 사상과 학문 분야에도 큰 변화가 찾아왔다. 물론 탄압이 사라진 건 아니었다. 10월 29일 경찰은 월북, 공산권 작가의 작품 38종 등 219종에 대한 압수 수색을 실시해 동유럽이나 소련 작품 같은 사회주의권 작품, 월북 작가들의 작품을 포함한 북한 작품이나 인문사회과학 서적 판매를 통제했다. 이러한 탄압과 통제가 계속되긴 했지만, 과거에 볼 수 없었던 책들이 6월항쟁 직후부터 시중에 많이 나돌았다.

그러한 분위기 속에서 북한 바로 알기 운동이 국가보안법 철폐 투쟁과 결합해 전개됐다. 감옥에 가는 위험을 감수하고 북한 책을 복사하기도 했고, 북한 책과 판형을 달리해 시장에 내놓기도 했다. 그러면서 북한 책을 사서 보는 게 한때 붐을 이뤘다. 이처럼 상업성도 있었기 때문에 잡혀가는 것을 두려워하지 않고 북한 책을 내놓았다. 문학 작품으로는 이미 북한 작가들의 작품이 몰래 출판되기도 했지만, 해방 직후 월북했던 홍명희, 이기영, 한설야, 이태준, 박태원 등이 일제 때 쓴 뛰어난 작품들이 쏟아져 나왔다. 정지용, 김기림 등의 작

품도 읽혔다. 이로써 일제 강점기 한국 문학이 상당 부분 복원되기에
이르렀다.

1988년 여름에는 이태의 《남부군》이 출간됐다. 이현상 밑에서
지리산 빨치산으로 활동했던 저자의 수기인데, 작열하는 태양 아래
폭발적으로 팔려나갔다. 그러면서 오랫동안 잊혔던 한국전쟁 전후
남한 빨치산 관계 서적이 쏟아져 나왔다. 이러한 현상은 한국 현대사
바로 알기 운동과 연결돼 수구 냉전 세력을 기겁하게 했다. 그 밖에
《항전별곡》, 《격정시대》 같은 책과 김일성 관련 책 등이 출판되면서
항일 독립 운동에 대한 시야도 크게 넓어졌다. 이러한 것들과 맞물려
6월항쟁 이후 통일 운동과 남북 관계를 새롭게 모색하는 움직임이
일어나는데, 그 부분은 나중에 별도로 살펴보자.

교육 민주화 위한 가시밭길,
《민중 교육》지 사건부터 전교조 대량 해직까지

── 교육 부문은 어떠했나.

교육 민주화로 가자. 박정희 유신 체제, 전두환·신군부 체제의
파시즘적 권력 유지에서 최대의 피해자들은 이데올로기 교육을 집중
적으로 받은 1,000만 학생들이었다. 그러한 현실을 바로잡고 교육 현
장에서 민주주의를 확산하기 위한 운동이 1985년 《민중 교육》지 사
건 이후 치열하게 전개됐다.

《민중 교육》은 1985년에 부정기 간행물로 나온 잡지였다. 이런
걸 무크지라고 하는데, 그러한 《민중 교육》에 대해 그해 8월 문교부

는 용공 계급투쟁 시각에 의한 교육 분석과 서술, 반미 감정 선동 등의 내용이 담겨 있다고 몰아세웠다. KBS는 '민중 교육, 당신의 자녀들을 노린다'는 특집을 만들어 방영했다. 이렇게 몰아치는 속에서 《민중 교육》을 발간한 실천문학사 주간 송기원, 그리고 기획에 적극 참여한 교사 윤재철과 김진경이 국가보안법 위반 혐의로 구속됐다. 이 사건 관련자는 20명 정도인데, 이들은 단지 시나 소설을 《민중 교육》에 실었다는 등의 이유로 교단을 떠나야 했다. 《민중 교육》지 사건으로 실천문학은 등록이 취소됐다.

1986년 5월 10일에는 YMCA 중등교육자협의회 산하 서울, 부산, 광주, 춘천 지역 회원 800여 명이 교육 민주화 선언을 발표했다. 이들은 헌법에 명시된 교육의 정치적 중립성은 실질적으로 보장돼야 하며 자주적인 교원 단체의 설립과 활동의 자유도 전면 보장돼야 한다고 역설했다. 선언 직후인 5월 15일 교사들은 민주교육실천협의회 창립총회를 열고 지역별로 민주 교육 실천 결의 대회를 열었다. 7월 15일 전두환 정권은 민주교육실천협의회 사무국장 유상덕을 구속했고 9월에는 윤영규 등을 구속했다.

— 6월항쟁 이후에는 상황이 어떠했나.

6월항쟁 이후인 1987년 9월 27일 교사들은 민주 교육 추진 전국교사협의회(전교협)를 창립하고 초대 회장에 윤영규를 선출했다. 전교협은 교사의 노동 3권 보장, 교사의 정치적 권리와 사회 경제적 지위 보장, 진정한 교육 자치제 실시, 입시 과열 경쟁 교육 지양 및 학교 교육 정상화 등을 촉구했다.

전교협 조직은 급속히 커져 1989년 상반기에는 회원이 약 3만

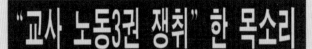

1988년 11월 22일 자 한겨레신문. 1만 3,000여 명이나 되는 교수, 강사, 교사, 예비 교사가 여의도광장에 모여 민주 교육법 쟁취 전국 교사 대회를 열었다.

명에 이르렀다. 전교협이 이처럼 급성장한 데에는 6월항쟁 이후 민주화 바람을 탄 측면도 있지만, 부패로 얼룩진 사학의 비리 등을 적극적으로 폭로한 것도 상당한 역할을 했다.

　이 시기에는 교육법을 민주 사회에 걸맞게 개정할 것을 요구하는 투쟁도 벌어졌다. 1988년 11월 1만 3,000여 명이나 되는 교수, 강사, 교사, 예비 교사가 여의도광장에 모여 민주 교육법 쟁취 전국 교사 대회를 열면서 교육법 개정 투쟁 열기는 한껏 고조됐다.

　그런 속에서 전교협은 교사 노조를 조직해, 이게 전교조(전국교직원노동조합)가 되는 것인데, 교육 민주화 운동에 매진하기로 결의했다.

1989년 5월 28일, 경찰과 교육 공무원들은 전교조 결성 대회가 예정된 한양대 주변에서 삼엄한 경계를 폈다. 이에 맞서 전대협(전국대학생 대표자협의회)이 전교조 결성 대회를 엄호하는 가운데, 전교조는 연세대로 장소를 바꿔 결성 대회를 열었다.

전교조는 6월 1일 노동부에 노조 설립 신고서를 제출했다. 그러나 노동부는 이를 반려했다. 노태우 정권은 전교조를 대대적으로 탄압했다. 이로 인해 수많은 교사가 구속과 징계를 당했다. 1989년 4월에서 1990년 4월까지 84명이 전교조와 관련해 구속됐고(수배 포함), 전교조를 지키기 위해 해직의 길을 택한 조합원이 1990년 1월 8일까지 1,519명(파면 164명, 해임 939명, 직권 면직 416명)에 달했다. 1,519명 중 초등 교사가 135명, 중등 교사는 1,384명이었다.

언론·시민운동에
6월항쟁 후 불어온 새바람

—— 언론을 비롯한 다른 부문은 어떠했나.

● 전교조 탈퇴 압박을 거부해 해직된 교사는 최종적으로 1,527명에 이른다. 김대중 정권 때인 1999년 7월, 전교조는 결성 10년 만에 합법 노조가 됐다. 전교조 합법화의 분수령은 IMF 위기 직후인 1998년 2월에 이뤄진 이른바 노사정 대타협이었다. 노동계는 이때 전교조 합법화와 노조의 정치 활동을 보장받는 대신 정리 해고와 파견제 도입에 동의해 줬다. 이에 앞서 민주노총을 중심으로 한 노동자들은 김영삼 정권 말기인 1996년 12월 정리 해고제 등이 날치기 통과되자 1996~1997년 총파업으로 이를 저지한 바 있다. 그렇게 막아내고자 했던 정리 해고제 등이 대타협이라는 이름으로 도입된 이래 노동자들은 오늘날까지 뼈아픈 대가를 치르고 있다. 한편 전교조는 합법화 15년 만인 2014년 박근혜 정권에 의해 법외 노조로 내몰렸다.

6월항쟁 후 언론 민주화를 위한 움직임이 활발했다. 그 첫걸음으로 언론인들은 노조를 만들었다. 1987년 10월 29일 한국일보사에서 노조가 결성된 것에 이어 동아일보, 중앙일보, 서울 MBC 등에서도 잇따라 노조가 조직됐다. KBS에서는 PD협회가 결성된 데 이어 아나운서협회 등이 만들어졌고, 1988년 5월에는 노조도 결성됐다. 각 언론사의 많은 기자 또는 PD들이 노조를 결성하고 편집권 독립을 쟁취하기 위해 노력했다.

기성 언론사 내부의 노조 결성 투쟁 등과 별개로 자본과 권력의 압박으로부터 자유로운 신문을 창간하려는 움직임도 나타났다. 그 일환으로 1987년 10월 한겨레신문 창간 발기인 대회가 열렸다. 1988년 5월 15일, 국민주 방식의 모금을 통해 한겨레신문이 창간됐다.

또한 6월항쟁은 시민운동을 활성화하는 계기가 됐다. 환경 부문을 살펴보면, 환경 시민운동은 1980년대에 들어와 다른 부문의 시민운동보다 먼저 일어났다. 한국에서 진행된 공업화는 특히 환경 문제를 등한시하지 않았나. 환경 문제가 심각해지면서 1982년 최열 등이 한국공해문제연구소를 만들었다. 6월항쟁 이후인 1988년 9월에는 환경 관련 세 단체가 공해추방운동연합으로 통합 발족했고, 1993년에는 환경운동연합이 출범했다. 환경 이외 부문의 경우 1989년에 경제정의실천시민연합(경실련)이 등장했고 그 후에도 여러 시민운동 단체가 조직됐다.

87 새 헌법 어떻게 바뀌었나
민주화 운동 세력 역할은 미미했다

도도한 민주화 물결, 여덟 번째 마당

6월항쟁 주도 세력
개헌에 적극 참여하지 않았다

김 덕 련 1987년 6월항쟁으로 6·29선언이 나온 후 정치권의 관심은 급격히 대선 문제에 쏠렸다. 대선 문제는 다른 수많은 사안을 블랙홀처럼 빨아들였다. 그렇게 되면서 개헌이라는 매우 중요한 사안마저 대선으로 가는 징검다리 정도로 간주되며 사회적으로 충분한 논의를 거치지 못했다. 6월항쟁에 적극 참여한 시민, 학생, 사회 운동 세력의 목소리가 충실히 담기는 대신 제도 정치권의 여야 협상 위주로 논의가 이뤄졌다는 데서도 이 점은 잘 드러난다. 그런 면에서 아쉬움이 적지 않은데, 오늘날 존재하는 헌법이 바로 이때 탄생한 헌법이라는 점에서도 6월항쟁 이후 개헌 과정을 되짚어볼 필요가 있다.

서 중 석 6월항쟁의 기본 목표는 민주주의 쟁취, 그것도 정치적 민주주의 쟁취였다. 6월항쟁 직후인 1987년 7월 8일 시국 사건 관련 수감자 중 357명이 석방되고 9일에는 김대중 등 2,335명이 사면 복권된 데서도 그런 점을 엿볼 수 있다. 정치적 민주주의 쟁취는 헌법으로 구체화돼야 했다.

대선, 총선에서도 그렇지만, 6월항쟁을 이끈 민주화 운동 세력이 개헌에 적극 참여하는 것은 대단히 중요한 역사적 의의를 가질 수 있었다. 더구나 개헌을 맡을 국회의원의 다수가 전두환·신군부에 충성을 다짐한 민정당 소속이라는 점에서 그러하다.

4월혁명 이후 크게 거론된 것이 4월혁명을 이끈 주도 세력이 제2공화국을 세우는 데, 개헌 과정이건 총선이건 '혁명 입법' 문제건 어느 쪽에서도 역할을 하지 못했다는 점이었다. 그러다보니까 자유당과 기본 성격이 비슷한 민주당이 4월혁명에서 별다른 역할을 하지 못했음에도 거저 정권을 획득했고, 그래서 4월혁명 정신을 구현하려는 노력을 하지 못했고, 하지 않았다는 비판을 굉장히 많이 받았다. 그리고 5·16쿠데타까지 나 한국 정치가 잘못돼도 크게 잘못됐다고 지적했다.

4월혁명에 앞장선 학생들이 제2공화국 수립과 활동에 역할을 하지 못한 것은 당시에도 지적이 많았지만 어쩔 수 없는 면이 있었다. 학생들이기 때문에 정치 활동을 하기가 어렵기도 했지만, 4월혁명은 자연 발생적으로 일어난 측면이 강해서 주도한 조직체가 없었고 주도 세력이라고 할 만한 세력도 없었다. 나중에 4월혁명 세력으로 자처한 자들은 대개 4·19 시위 또는 4·18 시위에 한 번 참여한 것 빼고는 이렇다 할 만한 것이 없었다.

그러나 6월항쟁은 달랐다. 국민운동본부가 있었다. 정치 세력이 들어와 있는 데다가 종교 세력도 많아서 국본이 정치 활동을 하는 데 한계가 있다고 한다면, 국본에 참여한 민통련이 민청련과 연합해 재야 중심 세력으로 정치적 역할을 할 수 있었다. 특히 양김이 1980년에 보인 행태가 재현되지 않으리라는 보장이 없었기 때문에 재야의 역할은 중요했다. 또 수구 냉전 세력인 민정당이 개헌의 주도권을 장악하지 못하게 하기 위해서도 6월항쟁 주도 세력의 개헌 참여는 의미가 컸다.

하지만 개헌 과정에서 국본의 역할은 미미했고 재야 세력의 활동도 이렇다 할 만한 것이 없었다. 국본은 7월 13일 산하에 헌법개정특별위원회를 설치했다. 시작은 빨랐다. 그리고 8월 4일 국본 전국 총회를 개최해 헌법 개정 요강을 발표했다. 그러고 나서 8월 24일 그 초안을 가지고 통일민주당 헌특위원, 교육계 인사들과 토론을 가졌다. 그게 다였다.

국본 개헌 요강은 전문에 '갑오농민혁명, 3·1운동, 4·19 정신, 5·18 광주항쟁, 6월 민중항쟁 정신의 계승'이 들어가야 한다고 했다. 그리고 새 헌법은 통일 지향적이어야 한다고 했고 저항권 규정, 보안 처분 폐지, 대통령 피선거권 제한, 생활 무능력자의 사회 보장, 소작제 금지, 비생산적인 대토지 소유 금지를 요구했다는 점에서 정당들의 개헌안과 차이가 있었다. 국본이나 민통련은 최소한 대통령 1차 연임 문제 등 몇 가지 사안은 야당과 보조를 맞춰 시민대회를 연다든가 하는 등의 방법으로 투쟁할 필요가 있었다.

개헌 협상 최대 쟁점은 대통령 임기
5년 단임제에 야당이 합의한 이유

—— 정치권의 개헌 논의, 어떻게 진행됐나.

8월 17일 국회 개헌 특위 첫 회의가 열렸다. 8월 31일 민정당과 통일민주당의 8인 정치 회담에서 직선제 개헌안 협상이 타결됐다. 협상 과정에서 쟁점은 여러 가지였다. 전문에 민정당은 3·1운동과 대한민국 임시정부의 법통성을 넣고자 했고 심지어 '제5공화국 창건'까지 넣자고 주장했다. 다른 정당도 아닌, 전두환·노태우와 성향을 같이하는 민정당에서 임정 법통성을 내세운 것에 각별히 주목할 필요가 있다. 민주당은 5·18 정신과 국민 저항권 등을 강조했다. 선거 연령도 민주당은 18세로 주장했다가 19세로 조정하고자 했다.

그렇지만 가장 중요한 쟁점은 대통령 임기를 4년 중임으로 하

1987년 10월 27일 두 시민이 헌법 개헌 국민 투표를 하고 있다. 여야 합의로 개헌안을 통과시킨 건 한국 현대사에서 이때가 네 번째였다. 사진 출처: 국가기록원

느냐 단임으로 하느냐, 이것이었다. 전두환·신군부 헌법도 단임이지만, 민정당의 주장에 따라 단임으로 하기로 했다. 대통령 임기는 5년으로 정했고, 부통령은 두지 않기로 했다.

── 민정당은 전두환·신군부 헌법에 규정된 '부통령 없이 대통령 7년 단임제'에서 임기만 1년 줄인 '부통령 없이 대통령 6년 단임제'를 제시했다. 이와 달리 통일민주당은 4년 중임 대통령제 및 부통령제 도입을 주장했다. 대립하던 양측이 합의한 계기는 무엇인가.

대통령 임기 문제는 개헌안에서 가장 크게 부각된 사안이었기 때문에 굉장히 큰 논란이 될 수 있었다. 대통령 중심제에는 여야가

똑같았다. 그렇기 때문에 어떻게 하면 제왕 같은 대통령의 권한을 분산시키고 대통령 권력을 견제할 수 있게 하느냐, 그러면서도 대통령이 임기 동안에는 제대로 임무를 수행할 수 있게 해주느냐, 이 점이 대단히 중요했다. 대통령 1차 중임은 대통령이 임무를 수행하고 국민의 지지를 확인하는 데 대단히 중요했다.

국본과 민주당은 대통령은 1차에 한해 중임하고 부통령제를 신설할 것을 주장했다. 박정희가 유신 체제로 쉽게 넘어간 것은 부통령제가 없었던 것이 한 요인이었다. 부통령은 대통령을 보좌하기도 했지만 견제할 수도 있었다. 따라서 부통령제 신설도 중요했다. 그러나 민주당과 재야는 전두환 정권과 힘겨루기를 하다가 정 안 되면 부통령제는 양보하는 대신 대통령 1차 중임만은 관철해야 했다. 한국 권력의 속성상 대통령이 임기 2년을 앞두고는 제대로 역할을 하기 어렵고 레임덕에 빠질 수 있다는 것은 어렵지 않게 예측할 수 있었다.

하지만 야당은 대통령 5년 단임제에 쉽게 합의했고 재야도 그것에 별다른 이의를 달지 않았다. 그럴 수 있었던 것은 야당 대통령 후보로 나서려는 사람들이 당선을 자신할 수 없었던 당시 상황에서, 이번 선거에 실패하면 5년이라는 비교적 짧은 기간이 지나면 다시 도전할 수 있다는 계산이 작용해서 대통령 5년 단임제에 쉽게 동의해줬기 때문이다.

8월 31일 직선제 개헌안 협상이 타결된 데 이어 9월 17일 여야 합의로 직선제 개헌안이 발의됐고 10월 12일 국회에서 의결됐다. 10월 27일 국민 투표가 실시됐는데 여기서 93.1퍼센트의 찬성으로 확정됐다. 이틀 후인 10월 29일 이 헌법이 공포됐다.

여야 합의로 개헌안을 통과시킨 건 한국 현대사에서 이때가 네 번째다. 1948년 5·10선거를 통해 소집된 제헌 국회에서 제헌 헌법

을 만들 때 요즘 식으로 말하면 여야 합의, 그 당시로는 제헌 국회의
원들의 합의에 의해 헌법을 만들었는데 그게 첫 번째다. 두 번째는
1987년 헌법의 여야 합의 방식과는 크게 다르게, 1960년 4월혁명 직
후에 소수당인 민주당이 다수당인 자유당의 덜미를 잡고 여야 합의
로 개헌안을 통과시킨 것이다. 세 번째는 1960년 11월 민주당과 민주
당 구파가 만든 신민당 등이 통과시킨 3·15 부정 선거 관련자 등을
특별법으로 처벌할 수 있게 한 개헌이었다.

'임정 법통 계승'이 처음으로
헌법에 명시된 과정

—— 새롭게 탄생한 헌법은 이전 헌법과 어떻게 달랐나.

새 헌법에서 가장 눈에 띄는 것은 대통령 5년 단임 직선제이지
만, 전문도 과거 헌법과 달랐다. 전문에서 "3·1운동으로 건립된 대한
민국 임시정부의 법통과 불의에 항거한 4·19 민주 이념을 계승"한다
는 점을 명시했다.

4·19 민주 이념을 계승한다는 것은 독재 정권에 대한 국민 저항
권을 설정한 것이었다. 어떠한 독재 정권에 대해서도 국민이 저항하
는 것은 정당할 뿐만 아니라, 국민이 독재 정권과 맞서 싸워야 한다
는 것을 명확히 한 것이다. 그것은 독재 협력 세력에 대한 비판의 헌
법적 근거라고 볼 수 있다. 따라서 이승만 독재, 박정희 유신 체제,
전두환·신군부 체제는 이 헌법에 따르면 비판의 대상이 될 수밖에
없다.

그런데 "3·1운동으로 건립된 대한민국 임시정부의 법통"을 이어받는다는 것은 예전 헌법에는 없던 대목이다. 제헌 헌법의 경우 "기미 삼일운동으로 대한민국을 건립하여 세계에 선포한 위대한 독립 정신을 계승하여 이제 민주 독립 국가를 재건함에 있어서"라고 되어 있어 대한민국 임시정부의 법통을 이어받는다고는 명시돼 있지 않았다.

역사의 아이러니이기도 하지만, "3·1운동으로 건립된 대한민국 임시정부의 법통"을 이어받는다는 이 조항으로 수구 냉전 세력이나 뉴라이트가 어려움에 처할 것이라는 점은 이 헌법 전문을 만들 때에는 아무도 몰랐다.

뉴라이트가 21세기에 들어와서 집권 세력을 포함한 수구 냉전 세력의 지원, 지지를 받으며, 대한민국 정부 수립을 대한민국 건국이라고 강변하고 1950년대에 많이 선전됐던 이승만 건국론, 이승만 국부론을 되살리려 안간힘을 쓰지 않았나. 이승만 추종자 일부와 뉴라이트는 이승만의 대한민국 건국론과 8·15 건국절 주장 등을 내세워 친일·분단·독재 협력 세력들에게 면죄부를 주려는 것 아닌가 하는 의혹을 샀는데 친일·분단·독재 협력 세력을 합리화할 수 있는 그러한 노력에 임정 법통론이 타격을 준 것이다.

── 임시정부의 법통을 계승한다는 문구는 어떻게 해서 담기게 됐나.

그게 이 헌법 전문에 들어간 데에는 에피소드가 있다. 이종찬 회고록에 의하면, 1980년대에 고려대 총장으로 권력의 압력에 저항했던 김준엽이 새 헌법안 작성 작업이 진행되던 때에 민정당 이종찬 의원을 불렀다. 김준엽은 이종찬에게 "이번 기회에 임정의 법통을 잇는다는 내용을 반드시 헌법 전문에 명시해야 한다"고 역설했다. 이종찬 의원은 헌법개정특별위원회 민정당 측 간사인 현경대 의원을 찾아갔고, 현경대가 즉각 찬의를 표했다. 통일민주당도 이에 대해서는 이의가 없었다.

김준엽은 광복군 출신으로 친미 반공 보수 성향이 강했다. 그는 임정 중심의 독립 운동사 교육을 강조했다. 1987년 2월 '대한민국 임시정부 법통에 관한 학술 대회'에서 김준엽은 앞으로 개정될 헌법에 반드시 임정 법통이 명시돼야 한다고 강조했다. 그리고 김영삼, 김대중, 노태우 등을 만나 역시 임정 법통이 명시돼야 한다고 강조했다. 나는 다음에 헌법을 개정할 때 "대한민국 임시정부의 법통"을 계승해야 한다는 부분은 바뀌어야 한다고 본다.

큰 방향은 국회·사법부 권한 강화, 국민 기본권 확대, 군의 정치 개입 금지

— 대통령 직선제와 그 임기 부분이 세간의 주요 관심사이긴 했지만, 그것 이외에도 이 헌법에는 중요한 내용이 여럿 담기지 않았나.

이 헌법은 제왕과 다름없다는 비판을 받았던 체육관 대통령 권한을 축소하고 그 대신 국회와 사법부에 전보다 큰 권한을 부여해 3권 분립을 강화하려 했다. 사법부 쪽을 살펴보면 법관 임명 절차를 개선하는 한편 헌법재판소를 신설했다. 국본과 민정당이 주장한 헌법재판소는 법률의 위헌 여부, 탄핵, 정당 해산, 국가 기관 상호 간의 권한 쟁의, 헌법 소원 등에 대한 심판권을 갖게 됐다.

당연하지만 독재 정권이 오랫동안 지속되면서 침해된 국민의 기본권을 확대하는 내용도 있었다. 체포, 구속, 압수, 수색을 할 때에는 적법한 절차에 따라 발부된 영장을 제시하게 하는 등 국민의 기본권을 보장하기 위한 조항이 여럿 담겼다. 또한 언론, 출판에 대한 허가나 검열, 그리고 집회 및 결사에 대한 허가를 금지하는 규정을 신설했다.

단체 행동권 행사에 대한 법률 유보 조항도 삭제했다. 그렇지만 법률이 정하는 주요 방위 산업체에 종사하는 노동자에 대해서는 단체 행동권을 제한하거나 인정하지 않을 수 있도록 했다. 또한 이 헌법에서는 최저 임금제를 도입했다.

그런데 법률이 정한 일부 사업장을 제외한 여타 사업장에서 일하는 노동자의 단체 행동권을 제한할 수 없다고 돼 있지만, 현실에서는 그렇지가 않았다. 10월에 새 헌법이 공포된 것에 이어 11월에 노동 관계법 개정안이 여야 합의로 통과됐는데 여기에는 제3자 개입 금지, 노조의 정치 활동 불가, 복수 노조 불가 등의 조항이 있었다. 이런 조항들을 통해 여전히 단체 행동권을 실질적으로 제한했다. 양김도 이것에 합의를 해줬다. 제3자 개입 금지 등은 독소 조항이라는 비판을 강하게 받았다.

── 양김이 그처럼 독소 조항이 즐비한 노동 관계법 개정안에 동의한 부분, 어떻게 봐야 할까.

간단히 말하면 자신이 대통령에 당선될 경우 노동 관계 사안이 그런 식으로 처리돼야 한다는 생각을 양김도 어느 정도 갖고 있었다는 얘기다.

헌법 내용을 조금 더 살펴보면, "국군은 국가의 안전 보장과 국토방위의 신성한 의무를 수행함을 사명으로 하며, 그 정치적 중립성은 준수된다"고 총강에 명시했다. 군의 정치 개입을 금지한 것이다. 또한 위축됐던 국회의 권한을 강화했다. 국정 감사권 부활에서도 그 점은 드러난다. 국정 감사는 국회의 가장 중요한 기능 중 하나 아닌가. 그와 함께 대통령의 비상 조치권을 폐지했다. 그 대신 긴급 재정·경제 처분 및 명령권을 대통령에게 부여했다.

국정 감사권은 15년 만에 부활했다. 국정 감사가 한창이던 1972년 10월 17일 유신 쿠데타를 일으킨 박정희는 국회의 국정 감사권을 없앴다. 유신 체제에서 대통령은 국회 해산권을 갖고 있었지만, 국회에는 그에 상응하는 권한이 부여되지 않았다.

새 헌법 전문 '임정 법통' 계승은
3·1 독립 정신 계승으로 바뀌어야

도도한 민주화 물결, 아홉 번째 마당

'법통'보다 정당성이 중요
독립 운동에 '법통'이 있다는 것도 이상해

김 덕 련 다음에 헌법을 개정할 때 "대한민국 임시정부의 법통"을 계승해야 한다는 부분은 바뀌어야 한다고 앞에서 얘기했다. 그렇게 주장하는 이유는 무엇인가.

서 중 석 '법통'을 계승한다는 말은 다원적인 민주주의 시대에는 사용하기 어려운 용어다. 사실 제헌 헌법에도, 그 뒤의 어떤 헌법에도 이 조항이 들어가 있지 않은데, 6월항쟁 정신을 이어받아 민주주의를 발전시켜야 할 헌법에 이 말이 들어가 있다.

어느 정부건 민주주의 시대에는 정통성 또는 법통성이 중요한 것이 아니다. 정당성이 중요하다. 민주주의 절차에 의해 세워진 정부냐, 국민 다수의 지지를 받는 정부냐가 중요하고, 그러한 정부가 민주주의 정부인 것이다. 남한과 북한의 정부도 일부 극좌나 극우가 주장하는 것처럼 정통성, 법통성이 중요한 것이 아니고 정당성이 중요하다.

독립 운동에 법통이 있다는 것도 이상하다. 만주건, 중국 관내건, 연해주와 시베리아건, 국내 지하투쟁에서건 조국의 독립과 자유, 평등을 위해 목숨을 바쳤다면, 헌신적 투쟁을 했다면 다 존경받아야 한다. 독립 운동을 임정 중심으로 가르치는 것도, 이승만·박정희 정권 때와는 또 다르게 독립 운동을 크게 축소시키고 독립 운동자가 이뤄내려고 했던 세계를 협애하게 할 수 있다. 1942년 이후 중경 임정에 참여해 군무부장, 광복군 제1지대장을 맡은 김원봉과 임정 내 좌파와 중도파들은 일제가 패망했을 때 김구·한독당의 법통론을 비판하고 새 정부는 폭넓은 독립 운동의 기반을 가져야 한다고 역설했다. 아울러 임정 법통론을 주장하는 것은 국본이 "우리 헌법은 통일 지향적이어야 한다"고 주장한 것과 배치된다.

임정 법통론은 남북 대결의 산물…
한반도 평화 구축에 장애 요인 될 수 있다

── 어떤 점에서 그러한가.

남한에서도 임정 법통론은 전체의 지지를 받고 있지 않지만, 북한과 한반도 평화를 구축하려고 할 때도, 협력과 교류를 강화하려고 할 때도 임정 법통론은 장애 요인이 될 수 있다. 더구나 통일을 지향하는 과정에 들어갈 때는 더 큰 장애 요인으로 작용할 것이다.

임정 법통론이 남북 대결의 산물이라는 것은 노태우 정권에 의해 확연히 드러났다. 1989년 노태우 정권은 자신의 정부가 임정 법통을 계승한다고 밝히고, 후속 조치로 상해 임정 수립일을, 수립일에 대해서는 바로 논란이 일지만, 정부 기념일로 정했다. 그리고 이듬해 기념식을 맞으며 기념일 제정의 의의를 설명할 때, 북한에서 김일성 일가의 항일 운동사를 과장, 날조하기 위해 자산 계급 출신 부르주아들이 사대주의적 매국 행위를 했다고 임정을 의도적으로 격하했다고 비난했다.

사실 임정 법통론은 해방 정국에서 뜨거운 감자였다.

── 어떤 의미에서 뜨거운 감자였다는 것인가.

여운형이 중심이 돼서 좌우 연합적인 건준이 해방되던 그날부터 새 사회, 새 나라 건설에 들어가 민족적인 성망을 얻었다. 치안대와 건준 지부는 남한에도, 북한에도 모두 조직됐다. 송진우 등 지주, 부르주아, 친일파를 대표하는 세력은 건준 타도를 외치며 '임정 봉대'를 내세웠다. 그러면서 정국이 좌우로 갈라졌고 그것은 김구·임정·우익이 반탁 투쟁을 강력히 전개하면서 더욱 심화됐다. 여운형은 1919년 임정이 수립될 때에도 현실적인 여건이 갖춰지지 않은 속에서 조직하는 것에 비판적이었고 해방 정국에서도 임정 법통론에 회의적이었는데, 그 점은 좌파뿐 아니라 좌우 합작으로 통일 정부를 세워야 한다는 중도 우파들도 비슷했다.

김구는 임정 법통론을 내세우면서 1947년까지 이승만, 한민당과의 단결, 단합을 추구했는데, 이승만과 한민당은 단정 운동을 펴면서 1947년에는 임정 법통론을 부인하기까지에 이르렀다. 이 시기 임정 법통론은 좌파는 물론이고 이승만, 한민당으로부터도 지지를 받지 못했다. 1948년 1월 김구는 '방향 전환'을 해 김규식과 손잡고 통일 정부 수립에 매진했으나, 그 이전의 임정 법통론은 통일 정부 수립에 긍정적 역할을 하기가 어려웠다.

임정 법통 주장과 관련해서는 반드시 제헌 헌법 제정 과정을 돌아봐야 한다. 제헌 국회에서 임정 법통론이 어떻게 다뤄졌는가는 대단히 큰 의미가 있다. 역사의 진실을 배울 수 있어서다.

제헌 헌법과 임정 법통론…
계승해야 할 것은 '법통'이 아니라 '독립 정신'이다

—— 제헌 헌법 제정 과정에서 이른바 임정 법통 문제에 대해 어떠한
논의가 이뤄졌나.

이승만과 한민당은 북한을 크게 의식하면서, 정통성을 내세우기
위해 임정 계승 문제를 제기해. 물론 이승만한테 임정은 상해 임정이
아니라 한성 정부였지만, 그것을 헌법 전문에 부분적으로 포함시켰
다. 다 알다시피 제헌 헌법 전문에는 이렇게 쓰여 있다. "우리들 대한
국민은 기미 삼일운동으로 대한민국을 건립하여 세계에 선포한 위
대한 독립 정신을 계승하여 이제 민주 독립 국가를 재건함에 있어서
……."

제헌 헌법 전문은 1987년 전문과 차이가 있다. '법통'이란 단어
가 없다. 너무나도 당연하게 계승해야 할 것이 '독립 정신'이다. '법
통'을 계승하는 것이 아니다. 이 점이 대단히 중요하다. 그런데 "대한
민국을 건립하여 세계에 선포"했다는 문구는 이승만 측에 의해 나중
에 삽입됐다. 이 점도 중요하기 때문에 자세히 살펴볼 필요가 있다.

원래 헌법 기초 위원인 제헌 의원 30명(위원장은 한민당의 서상일)
이 유진오 등 10명의 전문위원들과 한 달 이상에 걸친 토론 끝에 만
든 제헌 헌법 초안은 확정된 것과 큰 차이가 있다. "우리들 대한민국
은 삼일혁명의 위대한 독립 정신을 계승하여 지금 자주 독립의 조국
을 재건함에 있어서", 이렇게 돼 있다. 아주 잘돼 있다.

그런데 제2독회가 끝나는 날인 7월 7일, 정부 수립 공포에 맞추
려면 헌법 통과가 며칠 남지 않았는데, 이승만 비서였고 이승만의 수

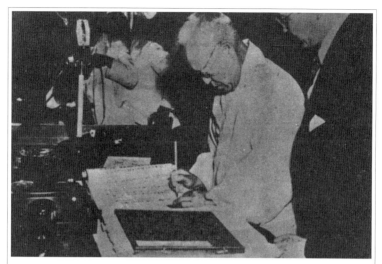
제헌 헌법에 서명하고 있는 이승만.

족처럼 움직이다가 초대 내무부 장관의 '영광'을 차지할 윤치영이 '전문 수정안'을 들고나왔다. "기미년 삼일혁명으로써 대한민국을 수립하여 세계에 선포한 그 위대한 독립 정신을" 이것으로 바꾸자는 주장이었다. 그러자 조국현이 "삼일혁명"의 '혁명'을 '항쟁'으로 바꾸자고 말했다. 기다렸다는 듯이 이승만이 국회의장이었으나 의원 자격으로 "혁명이라는 것이 옳은 문구가 아니라는 말씀을 내가 절대로 찬성합니다. 혁명이라는 두 글자는 고치는 게 대단히 좋은 말이에요", 이렇게 말했다.

　많은 한국인이 만세 운동을 펼치면서 근대적 민족 의식을 갖게 되었고, 그러면서 우리의 민족 국가를 가져야 한다고 외쳤다. 그뿐만 아니라 삼일운동은 근대적 인간 의식이나 새로운 여성 의식, 농민·노동자 의식을 갖게 하는 데도 큰 역할을 했다. 이처럼 혁명적 성격이 강했기 때문에 일제 강점기에 삼일혁명으로 불렸고, 또 해방 후

'혁명'은 일제 잔재의 철저한 제거, 일제와는 질적으로 다른 민주주의 새 사회, 새 나라를 만들자는 의미가 있어 삼일 정신과 연결될 수 있었는데 그 '혁명'이라는 말을 쓰지 말자고 이승만이 역설한 것이다. 그러면서 한민당, 이승만계 중심으로 수정안이 나왔다.

제3독회에서 이승만은 의장으로 "더들 말씀 마시고, 가부 작정하시길 바랍니다"라고 얘기하고 거수 표결에 부쳤다. 157인 중 가 91로 나오자 이승만은 "지금은 이 가결로 해서 헌법 제안 채택은 완전히 마칩니다"라고 선포했다. 헌법 심의가 다 끝난 것이다.

이러한 과정도 참고해야겠지만 나는 제헌 헌법 초안에 들어가 있는 "삼일혁명의 위대한 독립 정신을 계승하여", 이렇게만 헌법 전문에 들어가면 된다고 생각한다. 제헌 헌법 초안대로만 하면 되는 것이다. 1987년 헌법 전문에 들어가 있는 "대한민국 임시정부의 법통"을 계승한다는 것은 바뀌어야 한다.

16년 만에 맞이한 직선제 대선,
양김 분열로 노태우 '어부지리' 당선

도도한 민주화 물결, 열 번째 마당

김대중 사면 복권되면서 달라져
외국 언론, '양김 나오면 노태우 당선된다'

김 덕 련 1987년 대선은 군부 독재 종식을 열망한 수많은 사람의 가슴에 씻을 수 없는 상처를 남겼다. 6월항쟁으로 대통령 직선제를 어렵게 얻어냈는데, 12·12쿠데타(1979년)와 5·17쿠데타(1980년)의 주역인 노태우가 바로 그 직선제를 통해 대통령이 되는 기막힌 모습을 지켜봐야 했기 때문이다. 이 과정에서 틀이 짜인 정치 지형이 오늘날까지도 영향을 끼치고 있다는 점에서 1987년 대선을 찬찬히 되짚어봤으면 한다.

서 중 석 6월항쟁을 제대로 계승하느냐 여부는 15년 만에 되찾은 직선제에서 누가 대통령이 되느냐에 직결되어 있었다. 결과적으로 경악할 만한 사태가 초래되었다. 노태우가 당선되어 노태우·신군부가 재집권에 성공한 것이다. 이유는 간단명료하다. 야권이 단일 후보를 내지 못했기 때문이다. 따라서 왜 야권이 단일 후보를 내지 못했는가는 대단히 중요한 문제가 아닐 수 없다. 그뿐만 아니라 6월항쟁의 주역인 재야가 야권 후보를 단일화하는 것에 제 역할을 하지 못해 6월항쟁을 계승하는 데 굉장히 큰 어려움을 주었다. 이것 또한 놀라운 일이 아닐 수 없다. 이러한 문제들을 자세히, 꼼꼼히 살펴보는 것은 다시는 1987년 대선의 전철을 밟지 않기 위해서 꼭 필요하다고 생각한다.

　이 선거에서는 양김, 즉 김대중과 김영삼이 단일화해 한 명의 후보로 나오느냐 아니면 각각 따로 나오느냐가 6·29선언 직후부터 굉장히 중요한 관심사였다. 6·29선언 직후 두 사람은 "(19)80년과 같은

1987년 대통령 선거 포스터. 1987년 대선은 군부 독재 종식을 열망한 수많은 사람의 가슴에 씻을 수 없는 상처를 남겼다. 6월항쟁으로 대통령 직선제를 어렵게 얻어냈는데, 12·12쿠데타와 5·17쿠데타의 주역인 노태우가 대통령이 되는 기막힌 모습을 지켜봐야 했기 때문이다.

우매한 짓을 하지 않으며", 이렇게까지 얘기하면서 굳게 단결하는 모습을 보이겠다고 다짐했다. 그러나 얼마 지나지 않아 그것과는 다른 조짐이 나타났다.

양김이 대통령 후보 문제에 대해 어떤 태도를 취했는가를 객관적으로 서술한다는 것은 쉬운 일이 아니다. 그것은 어느 자료를 더 중시하느냐에 따라 차이가 있기 마련인데, 후보 단일화 과정에 대해 《김대중 자서전》은 7쪽 정도밖에 다루지 않았지만 《김영삼 회고록》에는 무려 40쪽 넘게 서술됐다. 한쪽은 꺼내고 싶지 않다는 것이겠으나, 길게 썼다고 해서 진실이 많이 들어 있는 것도 아니다.

7월 9일 김대중이 사면 복권되면서 분위기가 달라지기 시작했다. 처음에는 그 전해(1986년) 11월에 있었던 김대중의 불출마 선언에 이목이 집중됐다. 사면 복권이 되자 김대중은 "현재로선 종래의 입장에 변화가 없지만, 국민 여론에 따라 결정하게 될 것"이라고 대답했다. 미묘한 얘기였다.

여론은 이 문제에 관심이 아주 컸다. 《김대중 자서전》에는 심기가 불편한 말들이 보인다. "언론들도 원천 무효가 돼버린 불출마 선언을 계속 '살아 있는 약속'으로 왜곡 보도했다." "당시 언론은, 내가 나를 채찍질하며 소중하게 지켜온 '행동하는 양심'에 비수를 꽂았다."

7월 13일 국내 언론은 양김이 모두 출마하면 패배할 가능성이 있다는 미국 언론 보도를 게재했다. 워싱턴포스트는 "그들은 지금 자신들에게 기회가 왔다는 것을 알고 있으나, 어느 한 사람이 물러서지 않는 한 야당 표가 분열돼 노태우 대표에게 대통령직이 돌아갈 가능성이 있다는 점에 대해서도 알고 있다"고 썼다. 뉴욕타임스는 "김대중 씨가 출마할 경우 두 가지 사태가 예상될 수 있다"며 "하나는 군부 개입 가능성이며, 다른 하나는 김영삼 총재도 함께 출마하여 야당 표가 분열되고 결국은 노 대표가 당선될지도 모르는 가능성"이라고 지적했다.

김대중, "대선 불출마 선언 백지화됐다"
김대중 향한 호남 환영 인파의 눈빛

— 김영삼과 김대중은 어떻게 움직였나.

김영삼은 7월 15일 기자 회견에서 후보 단일화는 자신 있고 표 대결은 없다고 답변했다. 7월 17일 김대중은 "1986년 11월 5일에 했던 대선 불출마 선언은 4·13 호헌 조치로 백지화됐다"고 밝혔다. 한 가지 큰 진전은 있었다. 1980년 '서울의 봄' 그때는 김대중이 끝내 신민당에 입당하지 않고 동교동계 정치 세력과 재야 세력을 중심으로 활동했지만, 이번에는 압력이 크게 작용한 때문인지 7월 11일 김영삼과 외교구락부에서 회동했을 때 통일민주당 입당에 합의했다. 그리고 거의 한 달이 다 된 8월 8일 민주당에 상임 고문으로 입당했다. 한 가닥 희망이 보였다.

김영삼과 김대중은 먼저 후보 단일화를 조기에 하느냐, 그렇게 서둘지 않아도 되느냐를 가지고 의견이 갈렸다. 김대중은 9월 14일 양김 회동 때에도 단일화만 되면 되지, 빨리 하는 것은 바람직하지 않다고 피력했다. 그와 함께 분당설은 무책임한 얘기라고 답변했다. 김영삼은 당 총재인데, 당내에서 우세한 위치에 있느냐 그렇지 않느냐에 따라 의견이 갈린 것이다.

8월 27일 통일민주당 내 동교동계가 김대중 후보 추대를 공식화했다. 김대중은 지방 순회에 나섰다. 9월 8일 광주 땅을 밟았다. 1971년 5월 이후 처음이었다. 인산인해였다. 5·18 묘역을 방문하고 목포로 갔다. 환영 인파가 끝없이 밀려왔다. 9월 12일에는 대전을, 그 이후에도 지방 순회를 계속해 인천, 청주 등 여러 지역을 방문했다. 9월 12일 상도동 측의 민족문제연구소는 김영삼을 대통령 후보로 추대할 것을 선언했다.

대통령 후보 경쟁에서 세를 과시하기 위한 김대중의 광주, 목

이에 앞서 김대중은 7월 11일 《신동아》와 한 인터뷰에서 이렇게 주장했다. "작년의 불출마 선언은 전두환 대통령이 자발적으로 대통령 직선제를 하면 불출마한다고 한 것이지, 이번처럼 국민의 압력에 의해 이루어진 것과는 아무런 상관이 없다. 전두환 대통령은 4·13 호헌 선언으로 이미 내 제의를 거부한 것이다. 그런데 왜 그 약속에 내가 묶여 있어야 하느냐는 논리가 나온다." 궁색하기 짝이 없는 논리였다.

1987년 9월 8일 광주 5·18 묘역을 방문한 김대중. 사진 출처: 연세대학교 김대중 도서관

포 방문은 김대중으로 하여금 자신이 후보로 나오지 않으면 안 되겠다는 결의를 더욱더 강하게 갖게 했다. 인산인해를 이룬 환영 인파의 눈빛에는 대통령이 배출된 적 없는 호남에서 이번만은 김대중이 꼭 후보로 나와 대통령이 돼야 한다는 소망이 담겨 있었다.

김영삼이 후보가 되어야 한다는 이유
'비토 그룹'을 어떻게 볼 것인가

— 단일화 협상, 어떻게 진행됐나.

9월 21일 만난 것에 이어 9월 29일 사실상 마지막인 셈이지만

1987년 9월 29일 자 동아일보. 김대중과 김영삼의 단일화 협상이 결렬되었다고 보도하고 있다.

단일화를 이뤄내기 위한 두 사람의 담판이 있었다. 그러나 그 자리에서 김대중, 김영삼 모두 상대방한테 '당신이 양보하라'는 태도로 나왔다. 김대중은 "(지방에 가보니) 상상을 초월한 국민적 지지와 출마 요구를 확인한 이상 국민 여망을 거절하기 어렵다"고 말했다. 26년간 호남이 정권을 못 잡았기 때문에 이번에야말로 호남이 잡는 게 옳다는 얘기도 했다.

　여기서 김영삼이 왜 이번에는 자신이 나가야 한다고 생각했는지, 그것을 한 번 정리하는 것이 좋겠다. 그는 1979년 이래 국내에서 반독재 민주화 투쟁을 전개했으니 자신이 먼저 나가야 한다고 주장했다. 이 점에 대해서는 김대중 쪽이 반박할 것이 많을 것이다. 또 김영삼은 지역적 성격 때문에 이번에는 자신이 나와야 한다고 주장했다고 한다.

《이희호 평전》에는 이런 말이 나온다. "김대중이 양보하고 김영삼이 후보가 되면 전라도 사람들은 김영삼에게 투표하지만 김영삼이 양보해 김대중이 후보가 되면 경상도 사람이 안 찍는다." 이 말은 과장은 됐지만 부분적으로는 그런 면이 있었다. 박정희 유신 정권과 전두환·신군부에 의해 김대중에 대한 악선전이 계속 있었고, 15년 동안 김대중은 수난의 길을 걸으면서 대중적 활동을 할 수 없었기 때문에 호남을 제외한 다른 지역에서 김대중 표는 제한될 수 있었다. 또 유신 체제, 전두환·신군부 체제를 겪으며 보수층이 두터워진 면이 있었다. 특히 경상도는 1960년대 후반부터 장기간 박정희·전두환의 정치적 기반이었고 그만큼 혜택 같은 것이 따랐다. 김대중도 이러한 점들을 생각하고 있었던 것 같다. 김대중이 단일화에 소극적이었던 것은 이러한 점들이 작용하지 않았을까 싶다.

또 하나 있다. 비토veto 그룹 문제다. 9월 29일 자리에서 김영삼은 문제의 그 비토 그룹 얘기를 꺼냈다. '김대중 당신을 비토하는 그룹이 있다. 그러니 내가 먼저 대통령을 하고 그다음에 당신이 하는 게 순리가 아니오', 이런 식이었다고 보면 된다.

이 비토 그룹 부분은 당시 계속 나돌던 얘기였는데, 오버도퍼 책에도 이 얘기가 나온다. 워싱턴포스트 기자였던 이 사람은 그해 8월 노태우, 김영삼, 김대중을 각각 인터뷰했는데 "김대중의 자택을 찾아가기 며칠 전 박희도 육군 참모총장은 김대중의 대통령 출마에 반대한다는 군부의 의견을 공개적으로 선언했다"고 썼다. 그러면서 "김대중이 선거에서 승리한다 해도 군 지도부가 그를 대통령으로 용납할 것인가에 대한 우려감이 팽배했으며 군부에서 김대중 암살을 기도할지도 모른다고 생각하는 사람들이 적지 않았다"고 덧붙였다.

오버도퍼가 지적한 이러한 사항은 김대중 자서전에도 나온다. 김대중은 자서전에 "박희도 전 육군 참모총장은 나의 출마에 반대한다는 내용의 선언문을 군부 전체의 의견인 양 발표하기도 했다"고 썼다.

당내 경선을 왜 하지 않았나
대통령 후보와 당 총재를 분리하는 방안

—— 단순화해서 생각하면, '당신이 양보하라'는 주장을 양쪽이 거듭하며 시간만 보내느니 경선으로 문제를 풀 수도 있는 것 아닌가.

야권 후보 단일화의 유력한 방안이 당내 경선이다. 그러나 정치인이건 재야건 당내 경선을 강력히 주장하지 못했다. 김영삼, 김대중도 그랬다. 6·29 직후에도, 8월 8일 김대중이 입당한 후에도 양김이 당내 경선을 강하게 주장하지 못한 데에는 명분이 크게 작용했다. 어떻게 해서 쟁취한 직선제인데 서로 후보가 되려고 이전투구를 벌일 수 있느냐는 것이었다. 그러니 무조건 후보를 단일화해서 나오겠다는 것이 6·29 직후 두 사람의 태도였다. 단일화로 가는 데 중요한 길목이었던 9월 14일 양김 회담에서도 《김영삼 회고록》에 따른다면 김영삼은 "경쟁을 않기로 합의 본 것 아니냐"고 말했고, 김대중도 "경선은 바람직하지 않다고 생각한다"고 말했다고 한다.

그러나 다른 현실적인 방안이 마땅치 않다면 경선을 통하는 길밖에 없었다. 그래서인지 김대중은 36개 미창당 지구당 조직책 임명권을 요구했다. 그리고 김영삼은 기존 대의원으로 전당 대회를 열자고 했으나, 김대중은 민주화에 기여한 재야인사들을 영입해 범야 단일 후보를 선출할 것을 역설한 것도 당내 경선을 염두에 뒀기 때문이다. 그러나 상도동계든 동교동계든 재야든 당내 경선을 강하게 주장하지 않았다. 당내 기득권이 약한 쪽은 되도록 당내 경선을 회피하려고 했을 것이다.

부통령제가 실현이 안 됐으니까 대통령 후보와 당 총재를 분리해서 단일화 방안을 만드는 방법이라도 유력하게 검토했어야 했다. 그 경우 당 총재는 반드시 차기 대통령 후보가 된다는 점, 당 총재는 대선에서 자기 지역 사람들에게 대통령 후보 지지를 호소해야 한다는 점이 명시돼야 할 것이다. 일각에서는 1971년 대선 때 김영삼이 김대중 후보 지지를 소홀히 했던 것과 비슷한 현상이 1987년 선거에서도 나타날 것이라고 얘기했지만, 1971년 선거와 1987년 선거는 성격이 다르다. 6월항쟁에 양김 모두 기여한 바가 크지 않았기 때문에도 6월항쟁의 정신을 이어받는 것을 소홀히 해서는 안 되게 돼 있었지만, 당 총재를 차기 대선 후보로 못 박아놓을 것이기 때문에도 전심전력으로 대선에 임할 수밖에 없게 돼 있다.

초기에 단일화 안 되면
종반전에 단일화하겠다는 합의 받아냈어야

── 단일화 방안, 어떤 방식으로 마련했어야 한다고 보나.

단일화 방안은 선거 종반전에 들어갈 무렵 다시 할 수 있다는 점에서도 처음부터 중시돼야 했다. 초반전 이전에 후보를 단일화하지 못하더라도, 그때 종반전에 가서 다시 논의하자는 합의를 할 수도 있는 것이다. 다시 말해 종반전에는 노태우 당선이 더욱 확실해졌는데, 초기에 양김으로부터 노태우 당선이 확실시되면 단일화에 응하도록 하는 합의를 받아두는 것이다.

후보 단일화는 6월항쟁에서 중요한 역할을 한 재야, 그중에서도 민통련이 견인차 역할을 하고 정치인들이 가담하게 하는 게 효력이 클 수 있었다. 그래서 초기에 단일화 작업을 하고, 안 되면 종반전에 들어갈 때 단일화하겠다는 합의를 받아냈어야 했다.

그와 비슷한 역사적 선례도 있다. 1956년 정부통령 선거에서도 초기부터 야권 후보 단일화 문제가 크게 등장했다. 조봉암 후보는 자신의 경륜과 포부를 밝히고 선거 종반전에 사퇴하려 했다. 신익희 후보가 돌연히 사망해서 그렇게 되지는 않았지만.

실제로 대선을 얼마 안 남기고 백기완 후보 쪽에서 비상 정치 협상 회의 제안이 있었는데, 김영삼 후보는 응했지만 김대중 후보는 12월 11일 거부했다. 그리고 선거를 이틀 앞둔 14일 백기완 후보가 사퇴했다.

이처럼 후보 단일화 작업은 여러 가지 방안이 있을 수 있었으나, 대의명분에서 가장 중요한 위치에 있는 재야가 그러한 노력을 하지 않았다. 그리고 초기에 단일화에 앞장섰던 정치인과 소수 재야는 종반전에는 더욱 힘이 없는 상태였다. 6월항쟁 리더 그룹 민주주의의 비극이었다.

당시 정치인들은 야권 단일화에 손을 놓고 있었을까. 그렇지는 않았다. 정치인들이 후보 단일화를 위해 뛰어다닌 사례를 양순직 회고록을 따라 살펴보는 것도 의미가 있을 것 같다.

동교동계 단일화 운동 실패
결국 1노 3김의 대선으로

—— 양순직은 어떤 기록을 남겼나.

양순직은 공화당 의원으로 김종필계 중간 보스였고, 그래서 국회 재정경제위원장을 맡고 그랬다. 그렇지만 박정희의 3선 개헌 책동에 1969년 공화당 총재와 의장을 역임했던 정구영과 함께 단호히 반대하다가 공화당에서 쫓겨났다. 그 후 재야 민주화 운동에 합류해 10·26 직후 있었던 명동 YWCA 사건으로 구속돼 1년간 복역했다. 그는 신민당 부총재였고, 선명 야당으로 통일민주당이 창당됐을 때 동교동계로 부총재가 됐다. 6월항쟁에서는 국본 상임 공동 대표로 6·10 국민 대회에 참여했다가 구속됐다. 전두환이 연일 장세동 등을 내세워 비상 조치를 내리겠다고 했던 1986년 11월 김대중이 대통령 불출마 선언을 한 데에는 양순직의 건의가 작용했다.

양순직이 1987년 7월 4일 석방됐을 때 김대중은 "양 부총재! 나보다 YS가 먼저 대통령이 돼야 한다고 했다죠"라고 물었다. 6·29선언을 감옥에서 들었을 때 같이 수감됐던 박형규 목사에게 한 말이 어느 틈에 들어간 것이다. 김대중의 민주당 입당 시기에 대해 가신들은 조기 입당에 반대했으나 양순직, 이중재 두 동교도계 부총재가 건의해 김대중은 8월 8일 입당했다. 그러나 그때부터 동교동계와 상도동계는 사사건건 신경전을 벌였다. 양순직에게는 "(19)69년 공화당에서 적나라하게 보았던 권력의 악령이 되살아나는 것 같았다."

동교동계, 상도동계 참모들 가운데에도 6월항쟁의 의의를 살리는 길은 단일화밖에 없다는 생각을 가진 사람들이 있었다. 김영삼 최

1987년 10월 17일 부산을 방문한 김영삼.

측근인 김동영 의원과 김대중 측근인 유제연 의원은 "양김을 한 방에 가둬서라도 단일화 결론을 내려야 한다"고 주장했다. 양김의 민주화 투쟁을 인정하지만, 군사 정권에서 민주 정권으로 넘어가는 과도기에는 김영삼이 하는 것이 좋겠다고 생각했던 양순직은 이중재, 유제연 등과 함께 동교동계에서 열렬히 단일화의 역사적 의미와 당위성을 주장했으나, 김대중에게는 먹혀들지 않았다.

답답한 나머지 양순직, 이중재, 유제연과 동교동계 중진인 노승환, 이용희, 그리고 김대중 가신들이 동교동 저택 지하 벙커에 모였다. 이중재, 유제연도 일단 김대중이 먼저 양보하는 것이 좋겠다는 의견이었다. 양순직이 먼저 말을 꺼냈다. "네 사람이 출마하면 노태우가 반드시 이기게 되어 있습니다. 현 상황에서는 각서를 통해 분명한 약속을 하고 YS가 먼저 디딤돌 역을 하게 해줍시다." 그러자 즉각 김대중이 말을 받았다. "노태우가 이긴다고 말씀하는데 오히려 4파전이 되어야 내가 이길 수가 있다고 봅니다. 내가 기도를 드리는데, 하나님이 나에게 이번 기회에 국민 앞에서 큰 뜻을 이뤄야 한다는 계시가 있었습니다." 아무리 얘기해도 먹혀들지 않았다. 그때 한 가신이 말했다. "부총재님, 네 사람이 나서면 선생님이 반드시 되는데 왜 부총재님은 반대하십니까?" 동교동계에도 양순직, 이중재, 유제연과 비슷한 생각을 가진 사람이 많았다. 문제는 김대중 앞에 가면 "그냥 나가셔야 합니다" 하고 자기 속생각을 말하지 못한다는 것이었다.

9월 29일 양김 회담에서 아무 성과가 없자 김영삼은 10월 10일 대통령 후보 출마를 공식 선언했다. 그리고 자신의 세를 과시하기 위해 10월 17일 부산에 갔다. 엄청난 인파였다. 10월 22일 김영삼은 경선을 제의했으나 너무 늦은 시점이었다. 김대중은 이틀쯤 지나 대통령 후보 출마를 포기할 수 없기 때문에 부득이 탈당하겠다고 밝혔다. 10월 29일 민주당 내 동교동계 의원 24명 등은 창당준비위원회를 구성하고 11월 12일 평화민주당 창당 대회를 열어 김대중을 총재 및 대통령 후보로 선출했다. 양순직은 이중재, 이용희, 노승환, 유제연 등과 함께 부총재가 됐다. 그는 대선 직후 부총재직 사표를 제출했다. 김종필은 10월 30일 신민주공화당을 창당했다. 11월 9일 통일민주당은 김영삼을 대통령 후보로 추대했다. 1노 3김의 대통령 선거전이 본격적으로 시작됐다.

'비지' '후단' '독자 후보'로 분열된 재야
민주화 운동 세력 분열로 민주주의 동력 약화

── 양김 분열은 제도권 야당 세력의 분열로 그친 것이 아니라 민주화 운동 세력에게도 심각한 악영향을 끼치지 않았나.

재야 민주화 운동을 대표하는 기구로 국본이 있었다. 국본은 9월 7일 가급적 빨리 후보 단일화를 이뤄야 한다고 결의했다. 9월 21일에는 양김에게 10월 5일까지 합의에 의한 단일화를 권고했고, 10월 5일에는 양김에게 '최후통첩'을 보냈다. 그러나 국본은 내부 구성으로도, 조직 체계로도 정치 활동에 한계가 있었다. 결국 11월 5일 국본 전국 총회에서 정당과 분리한다고 결정했을 뿐이다.

양김의 단일화 담판이 결렬되면서 결국 김대중과 김영삼, 두 사람 모두 후보로 나오게 된다. 김대중과 김영삼이 단일화를 이루지 못하고 분열하는 데 재야 민주화 운동 세력도 일정한 역할을 했다. 그뿐 아니라 재야 민주화 운동 세력도 심한 분열 양상을 보였다. 두 사람만이 아니라 백기완이 진보 세력을 대표해 대통령 후보로 나온다고 하면서 재야 민주화 운동 세력은 세 세력으로 갈리고 말았다. 하나는 '비지' 또는 '비지 그룹', 이건 김대중에 대한 비판적 지지를 가리키는데, 다른 하나는 단일 후보 추진을 위해 끝까지 노력해야 한다는 쪽인 단일 후보론, 후보를 단일화해야 한다고 해서 '후단 그룹'으로도 불렸는데, 마지막 하나는 김영삼과 김대중 모두 마땅치 않으며 독자 후보 곧 백기완을 지지해 진보 진영의 입장을 분명히 밝혀야 한다는 쪽인 독자 후보론, 이렇게 셋으로 나뉬었다.

이 분열은 단순히 이 대선에서 갈라서는 것으로 끝나지 않았다.

그 이후에도 씻어내기 어려운 분열 현상을 보여주게 된다. 또 6월항쟁에서 민주화를 쟁취하는 데 주요 동력이었던 민주화 운동 세력이 분열되고 비판적 지지를 함으로써 비판과 비난의 대상이 되기도 했다. 그것은 민주주의를 전진시키는 데 민주화 운동 세력이 제 역할을 하기 어려운 요인으로 작용했다.

앞에서 4월혁명을 이끈 학생들은 4월혁명 이후 정치 세력화할 수 없었지만, 6월항쟁은 재야 민주화 운동 세력이 그 역할을 일정하게 맡을 수 있었고 민통련이 그러한 역할을 맡는 데 적합할 수 있었다고 얘기했다. 민통련은 학생, 종교인 등과 보조를 맞출 수 있었다.

재야 주류의 김대중 지지로
힘 빠진 단일화 운동

— 대선 후보 문제에 대해 민통련은 어떤 태도를 취했나.

재야의 중심축이라고 볼 수 있는 민통련(민주통일민중운동연합)은 양김의 단일화 노력보다는 비판적 지지에 중점을 뒀다. 양김 담판 전날인 9월 28일 민통련은 '범국민 대통령 후보 추천을 위한 민통련의 입장'을 발표했다. 여기서 민통련은 반反군사 독재 민주 세력 후보 선정에서 방관적 태도는 잘못이라며 범국민적 후보를 내야 한다고 주장했다. 범국민적 후보로는 김대중을 상정하고 있었고, 이 범국민적 후보를 결정하는 것도 민통련이었다고 볼 수 있다.

10월 12일 민통련의 24개 가맹단체 표결이 있었는데, 표결 결과 비판적 지지가 압도적으로 많았던 것으로 알려졌다. 그다음 날인 10

월 13일 민통련은 범국민적 후보로 김대중 고문을 추천한다고 발표했다. 군사 독재 종식, 민생 문제, 통일 정책, 광주항쟁 계승에서 상대적으로 적극적이라고 설명했다.

선거가 한창 진행 중이던 11월 17일 민통련은 군부 독재 타도 공동 투쟁위원회를 결성하고, 범국민 후보를 적극 지원하자고 나섰다. 김대중에 대한 비판적 지지를 선언한 세력은 11월 20일 '김대중 선생 단일 후보 범국민 추진위원회'를 구성했다. 이러한 지지는 김대중 자서전에 "나에게 힘이 되는 귀중한 선언"이었다고 쓰여 있듯이 김대중이 후보로 나서는 데 도덕적, 정신적으로 큰 힘이 됐다. 천주교 사제단, 개신교 목사들도, 적지 않은 대학 교수와 문인들도 김대중을 지지했다. 전국대학생대표자협의회(전대협)도 '비지' 쪽에 섰다. 재야 민주화 운동의 주력이 '비판적 지지'에 나선 것이다.

민통련 소속 단체 중에는 '비지'를 비판하고 단일화만이 6월항쟁을 계승하는 길이라고 주장하는 곳도 있었다. 가톨릭농민회는 11월 5일 후보 단일화를 위한 단식 농성에 들어갔다. 11월 13일에는 명동성당에서 '군부 독재 종식을 위한 후보 단일화 쟁취 대회'를 열었다. 11월 23일에는 각계 인사 1,000여 명이 '군정 종식 단일화 쟁취 국민 협의회'를 결성하고 다른 13개 단체와 함께 12월 6일 '군정 종식 단일화 쟁취 비상 국민 대회'를 개최했다. 12월 8일에는 대학생들이 두 당에 몰려가 단일화를 촉구했다. 그러나 민통련 주류와 종교계 주류가 김대중을 지지하고 있어서 단일화 촉진 세력은 단일화를 견인하기 위한 압력을 행사하는 데 한계가 있었다. 참으로 힘 빠지는 단일화 운동이었다.

한편 백기완을 대통령 후보로 추대한 '독자 후보' 세력이 10월 27일 '민중 대표 백기완 선생 대통령 후보 선거 운동 전국 본부'를 결성하고 세를 결집하자, 민통련은 독자 후보 측도 비판하고 나섰다. 그러고는 선거 막바지인 12월 11일에는 민통련 가맹단체와 노동 운동 단체 등을 열거하고 '범국민적 단일 후보는 김대중 선생으로 결정됐다'는 부제가 붙은 공동 성명서를 발표해 단일 후보론, 독자 후보론을 다시금 비난하고 "유세 열기나 권위 있는 주요 여론 조사 결과에 따르면 김대중 선생의 압도적 우위가 판명되고 있음을 분명히 밝혀두고자 한다"고 주장했다.

'비판적 지지'의 맹점
민통련, 단일화 운동 무력하게 해

—— 민통련의 그러한 행보, 어떻게 평가하나.

지금까지 단일화 실패 과정을 면밀히 검토한 것은 단일화 실패로 노태우·신군부 세력이 재집권함으로써 6월항쟁의 정신이 크게 퇴색하고 민주주의가 엄청난 장애물에 봉착했기 때문이다. 이러한 역사의 잘못된 전철을 다시는 밟지 않기 위해서는 단일화 실패의 문제점을 파헤쳐야 한다. 그리고 그 일환으로 민통련의 경험을 살펴보는 것은 큰 의미가 있다고 할 수 있다.

민통련의 주장에는 논의해야 할 것들이 있다. 민통련은 기본 과제, 우선적 과제와 부차적 과제, 2차적 과제를 혼동했다. 민통련은 1985년부터 시종여일하게 군부 장기 집권 야욕을 분쇄해야 한다고 외쳤고, 다른 재야 단체보다 직선제 쟁취에 기울어져 있었다. 직선제를 통해서만 독재 권력을 축출할 수 있다고 봤기 때문이다.

그런 입장을 가졌다면 민통련은 양김 중 누가 상대적으로 진보적인가를 가지고 대선에 임할 것이 아니라, 어떻게 하면 대선을 통해 군부 독재 세력을 제거할 것인가에, 오로지 그것 하나에만 초점을 맞춰야 했다. 또 양김 중 누가 상대적으로 진보적인가를 따지기보다 김대중, 김영삼 두 사람 모두 진보적인 쪽으로 가도록 노력했어야 했다.

민통련은 6·29선언이 나온 이유를 재삼재사 떠올릴 필요가 있었다. 6·29선언이 나온 첫 번째 이유는 전두환 정권이 감당하기 어려운 대규모 시위가 전국에서 일어났기 때문이고, 두 번째 이유는 그런데도 군이 나오지 않았고 나올 수 없었기 때문이며, 세 번째는 전두환 정권 쪽에서 양김이 단일화하지 않을 것으로 판단했기 때문이다. 전두환과 노태우는 직선제를 받아들일 경우 김대중을 사면 복권한다는 것을 필수 조건으로 여겼다. 직선제 수용과 김대중 사면 복권, 이 두 가지는 항상 따라붙게 돼 있었다. 왜 그랬겠나. 양김이 동시에 나오면 전두환, 노태우, 민정당은 자신들이 이길 수 있다고 봤기 때문이다. 그건 일반 국민들도 대체로 그렇게 생각했다.

김대중이 김영삼보다 진보적이라고 판단한 것도 일반 시민들에게는 납득이 되지 않았다. 통일 정책은 분명히 김대중이 진보적이었지만, 그때까지 시민들은 김대중의 통일 정책을 잘 몰랐다. 노동 문제에서 양김 다 그다지 진보적이지 않았다는 것은 1987년 11월 노동관계법을 개정할 때의 태도로 알 수 있었다. 개정된 법에는 제3자 개입 금지 등 악법이 엄연히 살아 있었다.

가장 중요하고, 민통련이 범국민적 후보 선정에서 첫 번째로 내세운 것이 군사 독재 종식의 결의決意인데 우선 양김이 다 나오면 군사 독재 종식이 어려웠다. 그리고 대통령이 된 이후를 생각해보면 배짱 있고 결단력 있는 김영삼이, 군부에 두려움이 있고 취약했던, 그래서 이것저것 많이 고려하게 되는 김대중보다 전두환·신군부 세력이나 하나회를 단죄하는 데 더 적극적일 수 있었다. 김영삼이 정승화 전 육군 참모총장, 정병주 전 특전사령관, 김재춘 전 중앙정보부장 등을 영입한 것은 일부 유권자에게 안도감을 줬다.

김대중은 박정희 유신 체제, 전두환·신군부의 악선전 때문에도 1987년에는 단일화 후보로 나오더라도 꼭 당선된다고 보기는 어려웠다. 먼저 김영삼이 대통령이 돼서 정치 군부를 대대적으로 숙청, 단죄한 다음 김대중이 통일 지향 정책을 펼 수 있도록 하는 것이 좋았을 거라는 얘기가 나올 수 있었다.

민통련은 단일화에 대한 거대한 장벽이 되고 말았다. 민통련은 종교인들과 함께 김대중에게 후보로 나가는 데 도덕적, 정신적으로 큰 힘을 줬을 뿐 아니라 김대중이 나중에도 후보 단일화에 나서지 않게 하는 데에도 큰 힘이 됐다. 민통련은 단일화 운동을 벌였던 민주화 운동 세력을 비난했고, 단일화 운동을 무력하게 만드는 데에 일조했다.

단일화는 초기보다도 종반전에 이뤄내기가 쉬웠다. 왜냐하면 판세가 드러나기 때문이다. 종반전에 들어왔을 때 노태우 후보 쪽에서 돈을 아껴 쓴다는 말이 돌았다. 이길 것이 확실하기 때문에 대선 후의 일까지 생각하게 됐다는 얘기였다. 나는 김현희 사건도 1노 양김의 판세가 불분명한 상태였다면 더 고약하게 선거에 이용했을 거라고 생각한다.

1987년 11월 1일 부산 수영만 매립지에서 열린
김대중 시국 대강연회. 김대중의 4자 필승론은
양순직이 말한 그대로 한마디로 '아집과 망상에 빠진
논리'였고, '권력의 과정보다 권력의 결과에 눈먼
나머지 현실을 철저히 자의적으로 해석'한 결과였다.
사진 출처: 연세대학교 김대중도서관

열 번째 마당

막판에 백기완, 야권 단일화 제안
김종필도 양김에게 회동 제의

— 여러 악조건 속에서도 단일화의 불씨는 대선 막판까지 살아 있지 않았나.

12월 9일 백기완 후보 측과 서울 민통련 등 재야, 학생 단체로 구성된 단일화 쟁취 국민협의회에서 양김과 백기완, 재야 대표가 참석하는 4자 비상 정치 협상을 제의했다. 분단 정부 수립 직전 김규식, 김구가 북한에 제안한 4김 회담을 연상시켰는데, 백 후보는 자신의 정견도 밝힐 만큼 밝혔고 12월 6일 약 10만 명이 참여한 '군정 종식과 민주 연립 정부 쟁취 범국민대회'에서 세도 과시했기 때문에 양김 단일화를 이룩하고 자신은 사퇴하고자 했다. 6월항쟁에 배반되는 일을 해서는 안 되기 때문이었다.

김영삼은 즉각 응했다. 다음 날인 12월 10일 김영삼과 백기완은 전격 회동해 후보 단일화와 '군정 종식을 위한 민주 세력의 대연대를 추진한다'에 합의하고, 김대중과 재야 13개 대표가 함께 참여해 민주 연립 정부 구성을 위한 4자 비상 정치 회담을 갖자는 데 합의했다. 민주주의에 희망이 보인 것이다. 이때 종교인을 포함한 재야 중심 세력이 김대중에게 강력하게 압력을 행사했더라면 엄청난 일이 벌어질 수도 있었다. 워낙 사안이 중대했기 때문에 호남 지방을 유세하던 김대중이 급거 상경해 백기완과 만나지 않았나. 그러나 김대중에게 강력하게 권고할 수 있는 재야 민주화 운동 세력이 어디에도 없었다. 김대중은 4자 회담을 거부했다. 단일화 희망이 깨진 것이다.

단일화 기회는 또 있었다. 예전에 공화당에서 김종필계 중간 보스였던 양순직에 의하면 김종필은 자신을 유신 잔당으로 몰아세운 신군부 세력이 계속 집권하는 것을 마다했다고 한다. 그것도 그럴 것이, 5·17쿠데타가 나면서 끌려가 자신이 공들인 농장 등 막대한 재산을 순식간에 강탈당했고 양김과도 달리 전두환 집권 기간에 정치 활동도 하지 못했으니 말이다. 그래서 12월 16일 투표일이 가까워지자 극비리에 양김에게 회동을 제의했다. 양순직도 최후의 대안이라고 생각해 적극 주선하려 했다.

역사의 가정법은 마음의 위로밖에 되지 못하지만 이때 극적으로 단일화가 타결됐다면 어땠을까. 백기완에 이어 김종필이 사퇴하고 양김 중 한 명이 사퇴했더라면 상승 작용까지 일어나 그야말로 압도적으로 승리하지 않았을까. 종반전에 급박하게 일어난 일이어서 전두환도 미처 대처하지 못했을 것이고, 12·12쿠데타에 앞장섰던 박희도가 육군 참모총장이었던 군부도 워낙 상황이 상황이라 손놓을 수밖에 없었을 것이다. 그러나 그런 일은 일어나지 않았다. 양김이 김종필의 제의를 거부한 것이다.

아집과 망상의 산물 4자 필승론,
지역주의 심화에 한몫해

── 그런 상황에서 이른바 4자 필승론(1노 3김, 즉 노태우와 김대중, 김영삼, 김종필이 대결하는 구도에서는 김대중이 반드시 승리한다)이라는 이상한 주장까지 김대중 쪽에서 나오지 않았나.

김대중 측에서 제기한 4자 필승론은 심각한 문제를 안고 있었

1987년 12월 12일 노태우의 여의도 유세
현장. 이날 여의도에 100만 명 이상의 군중이
몰려들었다. 사진 출처: e영상역사관

도도한 민주화 물결

다. 양순직이 네 사람이 출마하면 노태우가 반드시 이기게 돼 있다고 말하자 김대중은 오히려 4파전이 돼야 자신이 이긴다며 이렇게 말했다. "우선 영남은 표가 갈릴 것이고, 충청은 JP가 표를 많이 가져갈 겁니다. 내가 호남과 서울에서 압승만 거두면 승리가 가능합니다."

　당시 재야 운동권으로부터 김대중 쪽과 '비지'가 4자 필승론을 들고나왔다는 얘기를 듣고, 퍼뜩 1971년 대선이 떠올랐다. 나는 김대중이 1971년 환상에 빠져 있다고 생각하면서, 1971년 대선과 1987년 대선이 달라도 엄청나게 다르다고 조목조목 따져가며 김대중 지지자를 설득시키려 했다.

　1971년 대선 때 서울에서 박정희는 805,772표였고 김대중은 1,198,018표로 박정희보다 무려 50퍼센트나 많았다. 이 경우 기억해야 할 것이 1963년 대선 때 서울에서 윤보선이 802,052표, 박정희는 371,627표로 윤보선 표가 박정희 표의 두 배가 넘었다는 점이다. 얼마나 서울에서 인심을 잃었으면 한민당계의 보수적인 윤보선한테 그렇게 무참하게 졌겠는가. 박정희가 미워서 나온 표이기도 했다. 그런데 1987년에 서울은 인구가 크게 늘었고 사회적 조건도 1971, 1963년과는 크게 달라져 있었다. 야당이 싹쓸이할 수 있던 서울이 아니었다. 그래서 대체로 양김과 노 후보가 3등분한다고 보는 것이 맞았다. 김대중은 1971년의 부산 표에 대한 향수도 있었을 것이다. 박정희의 385,999표 대 302,452표였으니까. 그러나 1963년에도 경남, 경북과 달리 윤보선과 박정희는 239,083표 대 242,779표로 박빙이었다. 하지만 1987년에는 부산의 경우 보수적 영남 지역주의와 김영삼 표로 나뉘게 돼 있었다.

　김대중의 4자 필승론은 양순직이 말한 그대로 한마디로 '아집과 망상에 빠진 논리'였고, '권력의 과정보다 권력의 결과에 눈먼 나머지 현실을 철저히 자의적으로 해석'한 결과였다. 김대중이 1972년 이후 대중적 활동을 제한당하다 보니까 대통령에 대한 집념과 1971년에 대한 환상 등이 얽혀 나온 비현실적 진단이었다.

4자 필승론은 망국적인 지역 갈등에 기반을 두고 있다는 점에서 아주 잘못된 발상이었다. 단일화를 거부하려다 보니까 나온 논리이지만 유권자 대중을 지역주의의 대상으로 보고 있고, 지역주의를 부추기는 논리 구조를 갖고 있었다.

지역에 근거해 4명이 나왔을 경우 전두환 정권은 야권 분열을 꾀하기가 훨씬 쉬웠다. 선거 초반전에 김영삼은 전라도에서, 김대중은 경상도에서 유세를 심하게 방해하는, 지역주의와 직결된 폭력 사태로 선거 운동을 하기가 어려웠는데 이러한 폭력 사태를 조종하거나 유도하기도 쉬웠다. 심지어 조선일보는 폭력 사태 책임이 단일화를 못한 양김에게 있다는 식의 논리를 폈다.《김대중 자서전》에는 "텔레비전의 의도적인 왜곡은 실로 가증스러웠다", "이념 공세, 지역 감정 조작 등 텔레비전은 가장 확실한 노태우 후보의 선거 도구였다"는 지적이 나온다. 맞는 말이다. 그러나 일부 대중에게는 이것도 양김의 분열 때문에 큰 잘못이 아니라는 잘못된 인식이 있었다. TV는 양김과 연결시켜 최대한 지역감정을 부추겼다.

1987년 대선에 양김 중 한 명만 나오고 5년 후인 1992년 대선에 다른 한 명이 나오기로 하면서 양김이 협력했다면 군부 정권을 퇴진시킬 수 있었을 것이다. 그 점은 명확하다. 그뿐 아니라 지역 갈등, 그중에서도 특히 영호남 갈등을 약화시키는 데 대단히 중요한 역할을 했을 것이다. 물론 6월항쟁을 계승해 민주주의를 크게 진전시키고 수구 냉전 세력, 극우 세력의 정신적, 물질적 토대를 크게 약화시킬 수 있었을 것이라는 점은 말할 것도 없다.

굵직한 쟁점은 묻히고
인파 동원 경쟁 난무

—— 1987년 대선 분위기는 어떠했나.

이 대선은 1971년 이후 16년 만에 직선제로 치러진 선거였다. 1972년 유신 쿠데타 이후 15년간 파시즘적 독재 통치를 받다가 치르는 대선이었기 때문에 굵직굵직한 쟁점이 많을 수밖에 없었는데도, 거의 모든 여론의 신경이 양김의 통합과 분열 문제에 집중되다보니까 정작 선거에 들어가서는 오히려 아주 싱거운 선거가 되고 말았다. 다시 말해 쟁점이 별로 부각되지 않았다.

그러다 보니까 세 후보(노태우, 김영삼, 김대중)는, 한계가 뚜렷했고 누구도 당선될 것이라고 생각하지 않았던 김종필을 제외한다면, 자신의 세가 다른 두 후보보다 강하다는 걸 보여주기 위해 유세장에 엄청난 인파를 동원했다. 박정희 유신 체제에서 국군의 날에 위압적인 대규모 군 퍼레이드가 벌어졌던 여의도광장에 100만 명 이상을 김대중은 11월 29일 유세에서, 김영삼은 12월 5일 유세에서, 노태우는 하필이면 12·12쿠데타 8주년이 되는 12월 12일 유세에서 동원했다. 최고 기록은 김대중이 세웠다. 투표 3일 전인 12월 13일 서울 보라매공원 유세장 인파는 150만 명으로 보도되기도 했다. 김대중 측은 250만 명이 모였다며 몹시 흥분했다.

세 후보의 유세장에는 지방에서 올라온 엄청나게 많은 차량이 그 주위에 포진하고 있었고 머나먼 섬에서까지 왔다고 신문에 보도됐다. 벽지에서까지 청중을 동원해 유세장에 모으는 진풍경은 이 선거로 끝났다. 엄청난 규모의 낭비적 선거를 시민이 외면한 것이다.

대선 기간에 터진 KAL기 폭파 사건
…노태우 측, 선거에 즉각 활용

── 1987년 대선을 얘기할 때 빼놓을 수 없는 사안이 KAL기 폭파 사건이다. 유족들에게 견디기 어려운 고통을 안겼을 뿐 아니라 오랫동안 이런저런 의문이 풀리지 않았다는 점에서도 잊을 수 없는 사건이다.

이 선거에서 큰 쟁점이 제대로 제기되지도, 부각되지도 않았지만 선거 기간에 초대형 사건이 일어났다. 현지 시각으로 1987년 11월 28일 밤(한국 시각으로는 29일 새벽) 이라크 바그다드 공항에서 출발해 아랍에미리트 아부다비 공항을 경유한 KAL기가 서울로 오던 중 버마(미얀마) 상공에서 공중 폭발해 승객 95명, 승무원 20명 등 탑승자 115명 전원이 사망하는 사건이 터진 것이다.

이 사건은 김대중 납치 사건(1973년), 육영수 피격 사건(1974년), 김형욱 납치·살해 사건(1979년) 못지않게 엄청난 의혹을 불러일으켰다. 이 사건에 대해 숱한 의혹이 제기됐지만, 이 사건에서 가장 중요한 것은 세 가지라고 본다.

── 그게 무엇인가.

우선 이렇게 엄청난 사건이 벌어졌는데 왜 이 시기에 이런 큰 사건이 일어났는가, 무엇 때문에 KAL기가 공중 폭파됐는가, 이 부분을 이해하기가 힘들다는 것이다. 범인 중 한 명인 김현희의 경우 아주 하부에 속한 사람이기 때문에 어째서 이런 사건이 일어났는지를

1987년 12월 15일 자 경향신문. 대한항공 폭파 사건의 범인 김현희가 선거를 하루 앞두고 한국에 끌려왔다.

정확히 알 수 없을 수 있다.

분명한 것은 이 사건이 선거 중반전에 일어났다는 점이다. 그렇다면 대선에 영향을 끼치기 위해 일으킨 사건으로 이해해야 하는 것 아니냐는 생각이 들지 않을 수 없는데, 왜 북한에서 이 대선에서 노태우 후보 쪽에 유리한 이런 사건을 일으켰는지 도무지 이해가 되지 않는다. 이 사건은 북풍의 원조라고도 불리는데, 나중에 일어나는 북풍은 남북이 짜고 한 것이라는 얘기가 많이 돌았지만 이 사건의 경우 그렇게 이해하기가 어렵다.

그런데 이처럼 있을 수 없는 사건이기 때문에도 그렇고, 이런 사건을 선거에 악용하면 당연히 그것에 따른 의혹이 커질 것이기 때문에도 민정당 측에서 이 사건을 선거와 무관하게 다뤘어야 할 일이었다. 그러나 민정당은 조직적으로 이 선거에 이 사건을 이용했다. 김대중, 김영삼 모두 이 사건 때문에 선거에 큰 영향을 받았다는 주장을 폈다.

— 양김은 무엇을 근거로 그런 주장을 한 것인가.

먼저 김영삼 회고록을 보자. "대한항공기 공중 폭파 사건은 선거에 결정적인 영향을 가져왔다. 무엇보다 유권자들의 불안 심리를 크게 자극했다. 각종 여론 조사에서 1위를 달리던 나에게 가장 큰 타격이 왔다." 이렇게 써놓았다. 그러면서 "투표를 하루 앞둔 12월 15일 전두환은 KAL기 폭파범 마유미를", 김현희를 말하는데, "바레인에서 서울로 이송함으로써 노태우에게 엄청나게 유리한 환경을 조성했다. 6월 민주 항쟁에 이르기까지 그토록 오랫동안 갈망해온 국민들의 민주화에 대한 여망이 KAL기 폭파 사건의 거센 바람에 날아가버리는 순간이었다", 이렇게 썼다.

김대중은 이렇게 얘기했다. "이때 대한항공 폭파 사건의 범인이라는 김현희가 선거 전날 한국에 끌려왔다. 그것은 나에게 결정적인 타격이었다. 모든 언론은 김현희의 출현에 초점을 맞추었다. 자연(히) 국민들의 관심도 그쪽으로 옮겨갔다. 이는 노태우 후보 진영에 절대 유리했다. 사람들은 다시 '안보 무드'에 젖어들었다. 여기에 맞춰 노태우 후보 진영에서 일제히 색깔 공세를 개시했다. 안정이냐 혼란이냐는 구호를 외치며 국민들을 선동했다. 야당이 집권하면 나라가 떠

내려간다고 협박성 발언도 서슴지 않았다."

— 각종 여론 조사에서 1위를 달리고 있었다는 김영삼 얘기, 근거
가 있는 주장인가.

이해가 잘 안 되는 주장이다. 김영삼, 김대중의 주장은 과장된
측면이 있다. 그렇지만 민정당 측이 이 사건을 선거에 활용한 것은
사실이고, 여전히 위세가 강했던 반공주의가 보수적 안정 심리와 결
합함으로써 노태우에게 유리하게 작용한 것은 틀림없다.

국가정보원 과거 사건 진실 규명을 통한 발전위원회(국정원 과거
사위) 조사에 따르면, 안기부는 대통령 선거를 앞두고 대선 사업 환
경을 유리하게 조성하기 위해 이 사건 직후인 1987년 12월 2일부터
KAL기 실종 사건이 북한의 공작임을 폭로, 홍보하는 무지개 공작을
추진했다. 그리고 안기부 주관으로 12월 9일부터 전국에서 궐기 대
회를 개최한다는 등의 계획을 세웠다. "무지개 공작과 정부 대책 회
의 보고 자료 등을 볼 때 KAL 858기 사건을 여당의 대선 후보에 유
리하게 이용한 점"을 확인했다고 국정원 과거사위는 결론을 내렸다.

**테러범 김현희는 어떻게
대법원 판결 16일 만에 사면됐나**

— 이 사건과 관련해 중요한 세 가지 사항 중 두 번째는 무엇인가.

왜 김현희에 대해 그렇게 빨리 사면 복권을 해줬는지 잘 이해가

안 간다는 것이다. 그게 이 사건에 대한 두 번째 의혹, 굉장히 큰 의문이다. 유가족들이 강력하게 주장한 것처럼 김현희는 보통 큰 범죄를 저지른 게 아니었다. 그런데도 노태우 정권 때 대법원 확정 판결 후 16일 만에 사면을 받았다. 1990년 3월 27일 대법원이 김현희에게 사형을 선고했는데, 이틀 후인 3월 29일 법무부 장관이 사면을 상신했고 4월 12일 대통령이 재가해 사면됐다.

사면 이유도 국민들이 납득하기 어려웠다. '진범은 북한 지도부이며 그녀는 세뇌당한 꼭두각시에 불과하다'는 이유로 특별 사면을 했다면, 그 발표대로라면 북한이 일으킨 모든 사건 관련자들도, 심지어 간첩들도 다 '세뇌당한 꼭두각시에 불과하다', 이렇게 얘기할 수 있는 것 아닌가. 그러면 사면을 안 시킬 사람이 없게 되는 것이다. 김현희처럼 엄청난 범죄를 저지른 사람을 그런 식으로 특별 사면했다는 게 도무지 이해가 가지 않는다.

이건 문세광에 의한 육영수 피격 사건하고도 차이가 난다. 그때는 수사를 9일 만에 빠르게 매듭짓고, 그것도 이상한데, 대법원 판결 사흘 후 문세광을 처형했다. 억지로 생각을 해본다면 김현희가 교도소에 계속 있으면 많은 사람과 접촉할 수 있고 그래서 그걸 차단하기 위해 사면한 것 아닌가, 이런 억지 주장도 나올 수가 있다. 또 김

김현희 특별 사면 다음 날인 1990년 4월 13일 노태우 정권은 이에 관한 성명을 발표했다. 정부 대변인인 최병렬 공보처 장관은 "김 양이 극도로 폐쇄된 사회 체제에서 북한 공산 집단의 적화 통일 전략 수행을 위한 인간 도구로 개조돼 이 사건 범행에 투입된 한낱 꼭두각시에 불과할 뿐 실질적인 주범은 김일성 부자라는 점을 고려해 사면키로 했다"고 밝혔다.

국정원 과거사위 조사에 따르면, 안기부는 1988년 11월에 이미 외무부, 문공부, 검찰 등의 관계 기관들과 협의해 '형 확정과 동시에 김현희를 구제·활용한다'는 방침을 세워두었다. 또한 희생자 위령탑 건립 작업이 부지 및 예산 확보 등의 문제로 지지부진하다가 1990년 4월 9일 기공식을 열게 됐는데, 국정원 과거사위는 "김현희 사면 3일 전에 위령탑 기공을 한 것은 사면을 고려한 부분이 있었다"고 판단했다.

현희는 북한 특수 부대 소속으로 청와대를 습격한 김신조와 다르게 이른바 이용하기가 쉽지 않게 돼 있었는데, 사면을 시킨 것도 납득이 가지 않는다. 그것은 김현희를 반공 투사로 별반 '이용'하지 않은 것을 보더라도 알 수 있다. 김현희는 사실상 사회로부터 철저히 차단돼 있었다.

KAL기 폭파 사건 의혹 해소 노력에
끝까지 어깃장 놓은 김현희

─ 세 번째는 무엇인가.

세 번째로 이 사건과 관련해 도무지 이해되지 않는 것은 국정원 과거사위에서 김현희를 만나려고 장기간에 걸쳐 많은 노력을 했는데 그게 이뤄지지 않았다는 점이다. 김현희가 면담을 거부했기 때문이다.

2005년 10월 국정원 과거사위에서 김현희 주거지를 방문해 면담 필요성을 설명했으나, 김현희는 강하게 반발하며 면담을 거부한다는 입장을 표명했다. 2006년 3월에는 국정원 간부의 면담 요청 서신을 전달했으나 반응이 없었다고 한다. 2007년 2월에도 김현희 주거지를 방문해 국정원장 명의의 서신을 전달하려고 시도했으나, 김현희는 이를 또 거부했다. 곧이어 국정원 간부가 직접 김현희 주거를 방문해 김현희 남편과 접촉하고 과거사위 면담에 응해줄 것을 요청했으나, 김현희는 이것도 거부했다.

김현희는 숱한 의혹에 싸여 있었다. 유족들은 크게 분노하고 있었다. 그렇기 때문에도 국정원 과거사위처럼 진실을 알고자 하고 그

것을 알리는 곳에서 찾아왔으면, 그런 의혹을 씻기 위해서라도 조사
에 응하는 것이 바람직한 것 아니냐, 그렇게 해서 의혹을 해소하는
것이 도리가 아니었느냐 하는 생각이 든다. 그렇지만 전혀 그렇게 되
지 않았다. 김현희는 끝까지 조사에 응하지 않았다. 김현희가 굉장한
비밀을 안고 있어서 그런 것이 아닌가 하는 생각이 들기도 한다. 참
으로 이해가 되지 않는다.

양김 분열로 어부지리 얻은 노태우,
득표율 36.6퍼센트로 당선

── 김현희가 서울로 이송된 다음 날(1987년 12월 16일) 치러진 대선,

> 국정원 과거사위에 따르면, KAL기 폭파 사건 재조사와 관련해 국정원 TF와 과거사위에
> 서 10여 차례 면담을 요청했지만 김현희는 모두 거부했다. 이처럼 KAL기 폭파 사건 진
> 실 규명에는 비협조로 일관하면서도 일본인 납북 피해자 가족에게는 전혀 다른 모습을
> 보였다.
> 2009년 3월 11일, 김현희는 수백 명의 기자들 앞에 섰다. 김현희는 북한에 납치돼 자신
> 에게 일본어를 가르친 것으로 알려진 다구치 야에코의 가족을 만나 허리를 90도 굽혀 거
> 듭 인사했고, 다구치 야에코의 아들을 포옹하며 울먹였다. 그러면서 KAL기 폭파 사건과
> 관련해 이렇게 말했다. "분명히 말하고 싶은 것은 KAL기 사건은 북한이 한 테러이고 저
> 는 가짜가 아니(라는 것이)다. 저는 유가족이 KAL기 사건이 북한이 한 테러 사건이라고
> 인정하고 어떤 다른 목적이 없다면 그들의 요구에 응할 수 있다."
> 이에 대해 KAL기 폭파 사건 희생자 유족인 동아일보 김재영 기자는 이렇게 썼다. "12년
> 만에 공개 석상에 나온 그가 처음으로 만나야 할 사람은 희생자 가족이 아니었을까. 비
> 록 '유가족들을 위해 조용히 살려고 했다'고 말했지만, 첫마디는 '나는 가짜가 아니다'가
> 아니라 희생자에 대한 애도였어야 하지 않을까……."
> 오마이뉴스에서 민족·국제를 담당한 김태경 기자는 다음과 같이 지적했다. "지난 20여
> 년 동안 유가족들에게 사죄하기는커녕 단 한 번도 만나주지 않았던 김 씨가 이제는 조건
> 까지 내건다. …… 가해자가 피해자와 그 가족들에게 적반하장격 태도를 보이는 것은 이
> 해하기 힘들다. …… 형식으로 보나 (일본인 납치 문제라는) 소재로 보나, 그리고 일본인
> 피랍 가족을 만나 포옹하며 눈물까지 흘리는 연기력(?)으로 보나 김 씨의 이날 회견은
> '거물급 (정치) 한류 스타'의 일본 진출 선언 기자 회견 같았다."

1987년 12월 16일 노태우 당선자가 기자 회견을 하고 있다. 노태우가 대통령이 됨으로써 광주를 피로 물들인 신군부 세력은 다시 살아났다. 사진 출처: e영상역사관

결과는 어떠했나.

선거 결과 노태우가 8,282,738표(36.6퍼센트), 김영삼이 6,337,581표(28.0퍼센트), 김대중이 6,113,375표(27.1퍼센트), 김종필이 1,823,067표(8.1퍼센트)를 득표했다. 노태우가 당선됐다. 노태우는 득표율에서 김영삼을 8.6퍼센트포인트, 김대중을 9.5퍼센트포인트 앞섰다. 그렇지만 김영삼과 김대중의 표를 합치면 55.1퍼센트로 노태우의 득표율보다 무려 18.5퍼센트포인트나 높았다.

일각에서는 김대중과 김영삼이 단일 후보로 나왔어도 두 사람이 각각 얻은 표를 합친 것만큼 나오지는 않았을 것이라는 주장도 했다. 그러나 오히려 두 사람의 표를 합친 것보다도 더 나올 수 있었다는 점도 주목해야 한다. 단일화는 당시 여러 여건을 감안할 때 김영

삼으로 이뤄지는 것이 득표에서 더 유리했을 것이고, 승률도 더 높았을 것이다. 단일화는 한 사람이 차기 후보가 될 것임을 명시하는 것을 의미한다. 그것은 두 사람이 어느 때보다도 깊은 협력 관계를 구축하지 않으면 안 되게 돼 있다는 것을 의미한다. 그렇지 않으면 양보한 사람이 차기 대통령 후보로 대통령이 된다는 보장이 없기 때문이다. 1987년 대선에서는 김대중이건 김영삼이건 전두환·노태우·신군부에 대한 비판이 그다지 먹혀들지 않았다.

— 그 이유는 무엇인가.

'단일화도 못했으면서 비판은 무슨 비판' 이게 원죄처럼 두 사람에게 계속 따라붙었기 때문이다. 그러나 단일화된 상황에서는 12·12 쿠데타와 그 이후의 행태에 대한 비판이 유권자에게 훨씬 설득력 있게 파고들어갔을 것이다. 노태우 표 가운데에는 단일화를 하지 못한 양김에 대한 강한 실망이 작용을 한 것이 있었다. 그런 자료가 많이 나온다. 그러한 실망감과 노태우가 내건 6·29와 민주주의가 양김 분열 때문에 먹혀들었다는 점이 중요하다. 부동층도 많았다. 그래서 나는 양김이 단일화를 했을 경우 6월항쟁과 민주주의의 대세와 전두환·노태우·신군부 비판이 상승 작용해 두 후보 표를 합한 것보다 더 나올 수 있었다고 본다.

변수는 있다. 노태우 패배가 점쳐질 경우, 6·29 때까지 전두환, 노태우, 민정당은 단일화가 되면 노태우는 패배한다고 확신했는데, 전두환, 노태우와 군부가 가만히 있지 않을 거라는 점이었다. 돌발 사태, 군부 개입 등 여러 가지를 상상할 수 있는데 이 경우도 민주주의가 대세라는 분위기를 단일화 후보가 만들어내면 막을 수 있었을 거라고 본다.

이런 여러 가지를 살펴볼 때 김대중을 지지한 민통련과 종교인들이 좀 더 냉정하게 판세를 읽으면서 단일화 지지로 6월항쟁의 주력을 묶어갔더라면 하는 아쉬움이 지금도 남는다. 이들 '비지 그룹'이 민주화 운동 세력을 결집하고 동교동계 내부의 단일화 주장을 편 정치인들과 결합해 김대중의 독자 출마를 견제했더라면 1987년 대선은 다른 모습을 보였을 것이다. 초기에 단일화가 성공하지 못하더라도 종반전에 백기완 후보가 자신의 사퇴를 전제로 단일화를 촉구했을 때, 백 후보 사퇴에 김종필 사퇴를 연결 지을 수도 있었는데, 민주화 운동 세력이 동교동계 단일화 세력과 다시 한 번 양김 중 한 사람의 사퇴를, 김대중 후보의 사퇴가 순리라고 보는데, 강하게 밀어붙였으면 단일화가 불가능하지 않았을 것이라고 본다. 이때는 전두환·노태우나 군부가 손을 쓰기도 어려운 상황 아닌가.

호남권에서 김대중은 광주 94.4퍼센트, 전남 90.3퍼센트, 전북 83.5퍼센트의 득표율을 기록했다.* 노태우는 경북권에서 대구 70.7퍼센트, 경북 66.4퍼센트의 득표율을 기록했다. 경남권에서 김영삼은 부산 56.0퍼센트, 경남 51.3퍼센트의 득표율을 기록했다. 서울은 예상대로 김대중 32.6퍼센트, 노태우 30.3퍼센트, 김영삼 29.1퍼센트로 비슷했다. 그러나 인천만 하더라도 노태우 39.4퍼센트, 김영삼 30.0퍼센트인데 김대중은 21.3퍼센트였다. 유권자가 많은 경기에서도 노태

일부에서 부추긴 지역감정, 전두환·노태우 측의 색깔론 공세와 검은돈의 위력 등이 이 선거에 적잖은 영향을 끼친 건 사실이지만, 결과를 좌우한 가장 결정적인 요소는 권력욕을 앞세운 양김의 분열이라고 볼 수 있다. 노태우 당선 후 양김은 상대방을 탓하는 등의 방식으로 변명했지만, 자신들이 스스로 표현한 대로 "우매한 짓"을 했고 그것이 역사에 대한 배신이라는 비판을 피할 길은 없다. 양김이 주도해 직선제를 쟁취한 것이 아니라 국민들이 6월항쟁을 통해 마련해준 직선제라는 점에서 더욱 그러하다.

우 41.5퍼센트, 김영삼 27.5퍼센트, 김대중 22.3퍼센트였다. 강원, 충북, 대구, 경북, 제주에서도 김영삼은 20~30퍼센트였지만 김대중은 제주를 제외하고는(18.6퍼센트) 10퍼센트 안팎이거나 2.6퍼센트(대구), 2.4퍼센트(경북)였다. 호남 사람이 꽤 산다는 부산에서도 9.1퍼센트, 경남은 4.5퍼센트였다. 박형규 목사는 김영삼과 동향이었지만 김대중에게 양보하라고 권했다. 그때 김영삼이 이렇게 말했다. "내가 양보할 수 없는 중요한 이유가 있다. 김대중 씨로는 절대로 이길 수 없다는 것이다." 대선 직후 김영삼이 박 목사를 불러 말했다. "이렇게 민주 진영이 패배를 당하게 해서 정말 미안합니다."

나는 이희호가 《동행》에 다음과 같이 쓴 것을 읽고 몹시 반가웠다. "여론은 두 김 씨 중 김대중에게 더 많은 책임을 물었다. 투표 이틀 전 후보 단일화 결단을 내릴 수 있는 마지막 기회가 있었지만 '4자 필승론', '승리는 필연'이라고 끝까지 주장한 사람들이 있었다. 전날 보라매공원의 흥분이 독이 되었던 것이다. 회한에 젖은 그는 '국민들의 염원을 위해 내가 양보했어야 했다'라며 후회했다. 그러나 너무 늦은 생각이었다. 나 역시 역사와 국민 앞에 큰 죄를 지은 느낌이었다."

6월항쟁 의의를 변질시킨
1987년 대선

— 1987년 대선이 한국 사회에 어떠한 영향을 끼쳤다고 보나.

1987년 대선은 6월항쟁의 의의를 퇴색케 했고 변질시켰다.

12·12쿠데타 이후 민주주의와 인권, 기본권을 철저히 유린하고 극단의 억압 통치를 한, 단죄를 받아야 하고 처단돼야 할 자들이 다시 집권하게 됐다. 전두환·노태우·신군부 정권은 권력을 불법적으로 탈취한 정권이었는데, 전두환·신군부가 권력을 탈취할 때 2인자 위치에 있었던 노태우가 당당히 유권자 투표에 의해 선출됨으로써 정당성을 갖게 됐다. 이러한 일이 6월항쟁 주역들의 잘못에 의해 일어났다는 점에 문제의 심각성이 더욱 크다.

노태우가 대통령이 됨으로써 광주를 피로 물들인 신군부 세력은 다시 살아났다. 그들은 전두환·노태우·신군부의 행위를 합리화하는 행위를 서슴지 않았다. 전두환·노태우·신군부 정권에서 그래도 낫다는 얘기를 듣던 자들조차도 자신들의 협력 행위를 합리화하려고만 했지 반성의 태도를 보이지 않았다. 노태우·신군부 집권으로 박정희 유신 체제, 전두환·신군부 체제를 추종했던 자나 언론에 대한 제재는 불가능하게 됐다.

노태우 집권 세력이 6·29는 자신들이 앞장서서 민주화로 가려고 내놓은 조치였다고 강변하고 민주 세력을 자임하면서 가치관 혼란이 심해지고 민주주의와 역사, 정치에 대한 허무주의가 강해졌다. 2002년 대선 이전까지 젊은이들은 투표장에 가려고 하지 않았고 박정희 신드롬이 고개를 들었다. 해방 50주년이 되는 뜻깊은 해에 조·중·동은 이승만·박정희 살리기, 위인 만들기에 열을 올렸다. 조금 있으니 뉴라이트가 출현해 친일파까지 복권시키겠다고 나섰다.

망국적 지역주의가 극도로 조장돼 적나라하게 표출된 1987년 대선은 지역주의를 제도화했다. 원래 지역 이기주의는 박정희 정권, 그중에서도 특히 민주 헌정을 유린한 유신 체제와 전두환·신군부가 장기 집권을 하고 독재 권력을 유지하기 위해 권력 분배나 경제 면에서 특정 지역에 편중된 정책을 쓴 것이 직접적으로 작용했다. 그렇지만 장기간에 걸쳐 권위주의 통치를 하는 동안 주입된 비인도적인 반공, 냉전 의식과 결합된 이기주의가 사회 전체에 널리 퍼져 시민 의식 또는 공동체 의식이 마멸된 것이 기본 바탕이었다. 수구적인 반공, 냉전 이데올로기, 물신 숭배적인 근대화 지상주의가 양식, 양심을 마비시킨 것이다.

이러한 지역주의가 6월항쟁으로 치러진 직선제에서 '악의 꽃'으로 피어나 제도화됐다는 것은 엄청난 비극이었다. 유권자들은 어느 후보가 더 지역주의를 유도하는지 판별할 수 없었다. 이러한 지역주의가 몰고 온 쓰나미 현상은 6월항쟁에서 보여줬던 능동적이고 적극적인 시민 의식을 일시에 삼켜버리고 각각의 지역에 가둬버리는 효력을 여지없이 발휘하는 것 같았다.

1987년 대선은 민주화 운동 세력이 6월항쟁에서 쌓아올린 위상을 현저히 실추시켰다. 민주화 운동 세력의 분열은 상당 기간 더 이상 민주화 운동 세력의 단결로 나아가지 못하게 했고, 민주화 운동 세력의 영향력을 약화시켰다. 4월혁명을 이끌었던 학생들은 이승만이 쫓겨난 후에도 사회적으로 존경을 받았다. 그러나 1987년 대선은 그렇게 되지 못했다. 그 대신 수십 년간 반공 독재에 협력한 세력들은 민주화 운동 세력을 DJ 당파, YS 당파로 명명하고 하나의 파당에 지나지 않는 것처럼 몰아세웠다. 한국 사회를 이끌어갈 도덕적, 정신적 지주가 약화되고, 한국 사회의 가치관이 상당 부분 방황과 혼돈에 빠지기도 했다.

지역주의 고착시킨 4·26총선,
청사에 남을 '역사 바로 세우기'

도도한 민주화 물결, 열한 번째 마당

지역주의 심화시킨 4·26총선,
소선거구제로 호남·영남 분열

김 덕 련 6월항쟁과 이어지는 광주항쟁 진상 규명 및 5공 비리 청산 작업이 1988~1989년에 일부 이뤄졌다. 물론 매우 부분적으로 이뤄졌고 한계도 뚜렷했지만, 그 정도라도 진행될 수 있었던 것은 1988년 4·26총선 결과와 떼어놓고 생각할 수 없다. 4·26총선에서 5공 청문회, 광주 청문회에 이르는 과정을 짚어봤으면 한다.

서 중 석 일각에서는 지역주의를 주로 대선과 연관시켜 설명하고 총선은 그 연장선상에 있는 것으로 이해하고 있다. 그러나 지역주의를 거의 완벽하게 구조화했다고 할까, 고착시킨 것이 4·26총선이다. 또 총선에서 소선거구제 때문에 지역주의가 심화됐다는 연구는 있지만, 그 소선거구제가 과거의 소선거구제와는 전혀 다른 성격의 것이어서 지역주의를 완벽하게 고착시켰다는 점은 간과했다. 1987년 대선에 이어 김대중, 김영삼의 그릇된 판단이 한국 정치에 두고두고 악영향을 준 것이다. 1988년 4·26총선은 이 점에서 대단히 중요하다. 이 총선을 정확히 이해할 필요가 있다.

1987년 대선이 끝나고 1988년 총선으로 가게 됐을 때 운동권 세력이나 야당 정치인들 사이에서 '늦었지만 이제라도 두 당(통일민주당, 평화민주당)은 합당을 해야 한다'는 주장이 강력히 제기됐다. 《김대중 자서전》에는 "문익환 목사는 (평화민주당) 당사에 찾아와 고래고래 소리를 지르며 합당을 재촉했다. 이태영 여사는 내 앞에 주저앉아 땅을 치며 '이제 다 망했다'고 탄식했다"고 나와 있다.

두 당이 합당을 했더라면, 1987년 대선에서 노출된 지역주의를 대폭 완화할 수 있었고 민주화 운동 세력을 다시 통합할 수 있었다. 또한 1990년 노태우의 민정당, 김영삼의 통일민주당, 김종필의 신민주공화당이 합당해 민주자유당(민자당)이 출현하는 것도 저지할 수 있었다. 두 당이 통합했다면 민정당을 이길 수 있는 단일 거대 야당이 등장할 수 있었다. 그러면서 대선으로 좌절된 민주화가 강력한 추진력을 얻을 수 있었다.

또 생각해야 할 것은 김영삼이 대통령에서 물러난 이후에도 김영삼계가 민자당–신한국당–한나라당–새누리당–자유한국당으로 이어진 그쪽에 계속 남아 보수 세력화했다는 점이다. 김무성도 그중 한 사람이다. 그러면서 그쪽에서 경상도를 완전히 장악하는 상태가 되고 말았다. 최근에 와서야 경남 일부 지역과 부산에서 지금의 민주당 쪽이 간신히 교두보를 마련했다. 노무현 정권 때에는 노무현이 영남 사람인데도 그걸 제대로 할 수가 없었다. 그만큼 지역색이 단단히 굳어지는 데 통일민주당과 평화민주당, 이 두 당의 통합이 이뤄지지 않은 것이 굉장히 중요한 요인이었다.

소선거구제, 중·대선거구제 놓고 벌어진
민정당·통민당·평민당의 다른 셈법

── 4·26총선, 어떻게 전개됐나.

이 총선에서는 통일민주당–평화민주당의 통합 문제와 함께 선거구제가 최대 쟁점이 됐다. 소선거구제로 할 것인가 중·대선거구제로 할 것인가, 이것이 중대 쟁점이었다.

1988년 3월 8일 자 동아일보. 민정당은 1분 만에 단독으로 선거법을 통과시켰다.

민정당의 경우 이종찬 등 일각에서는 1선거구 2인 선거 제도를 주장했다. 유신 체제나 전두환·신군부 정권 때 있었던 건데, 이때는 좀 생각을 달리한다고 하면서 중선거구제라고 볼 수 있는 이 주장을 내놓았다. 그러나 노태우는 소선거구제를 선호했다. 통일민주당은, 대통령 선거 결과가 잘 보여주듯이 중·대선거구제가 자신들에게 유리해서 그랬겠지만, 인구 비례에 따른 중·대선거구제를 주장했다. 김영삼 최측근인 김동영은 평민당과의 미래를 예측이나 한 듯 "소선거구제로 돌아가자는 건 야당을 영원히 분열시키려는 것"이라는 무서운 예언을 했다. 통일민주당과 달리 평화민주당은 소선거구제를 강력히 주장했는데, 이것 또한 대선 분석 결과와 직결돼 있었다. 소선거구제는 무조건 최다 득표자 1명이 이기게 돼 있는데, 서울과 서울

주변 일부 지역에서도 소선거구제가 평민당에 유리할 것으로 봤다. 김종필의 신민주공화당은 소선거구제로는 충청도 독식이 어렵다고 판단했기 때문에 2~4인제의 선거구제를 주장했다.

논란 끝에 4당 총무가 농촌에서는 한 사람, 대도시에서는 두 명 내지 세 명을 뽑는다는 1선거구 1~3인제에 어렵게 합의했다고 이종찬 회고록에 나온다. 이 제도가 여러모로 좋았던 것 아닌가 싶다. 장점으로는 지역주의를 상당 부분 극복할 수 있다는 것을 들 수 있다. 그리고 요새 많이 등장하는 표현이지만 진보 세력이나 소수 세력을 대변하는 정당이 등장할 수 있었고 그러한 정당의 역할이 커질 수 있었다. 한국처럼 진보 정당의 진출이 굉장히 어려운 곳에서는 아주 중요한 선거 제도였다. 한겨레민주당처럼 전국적으로 알려져 있으나 지역주의 기반이 없는 정당에게도 좋은 제도였다. 의회 정치를 활성화하고 김대중, 김영삼의 1인 정당제를 약화시키는 데에도 유리했다. 일본 참의원 선거 제도도 기본적으로 그렇게 돼 있지 않나.*

그런데 이종찬 회고록에 따르면 갑자기 김영삼이 김대중의 소선거구제로 기울면서 상황이 변했다고 한다. 그리하여 소선거구제가 탄력을 받았고, 노태우도 '잘됐다' 싶어 소선거구제로 마음을 완전히 굳혔다는 것이다. 그러니까 김영삼의 태도 변화 때문에 소선거구제로 가게 됐다는 게 이종찬 주장이다. 이렇게 소선거구제로 합의됐지만 선거 운동 방법과 비례 대표 분배 방식에서 이견이 해소되지 않아 결국 1988년 3월 8일 새벽에 민정당 단독으로 선거법을 통과시켰다. 전두환·신군부 체제에서처럼 비례 대표 의석 50퍼센트를 차지하려

---

* 일본 참의원 선거의 경우 기본적으로 중선거구제지만 1인 선거구도 일부 있다. 인구가 적은 현의 경우 한 개 현에서 또는 두 개 현을 합쳐 1명의 당선자를 뽑는다.

고 악수를 둔 것이다. 그런데《김영삼 회고록》과《김대중 자서전》에 소선거구제와 관련해 상당히 다르게 나온다. 그게 참 관심을 끄는 대목인데 한 번 보자.

김대중, 소선거구제 강력히 주장
김영삼, "통합 위해 소선거구제 수용하겠다"

─── 김대중은 어떤 주장을 폈나.

《김대중 자서전》에는 김영삼이 1987년 12월 30일 송년 간담회를 열 때부터 '통합하자'고 하면서 포문을 열었다고 쓰여 있다. 그러나 자신은 야권 통합을 할 때 소선거구제로 가야 한다는 주장을 했다고 썼는데, 이건 꼭 잘못된 말이라고 볼 수는 없다.

무슨 얘기냐 하면, 야권 통합이 이뤄질 경우 한국에서는 소선거구제가 야권에 꼭 불리한 것만은 아니다. 진보적 정당이나 근래 얘기가 적잖게 나온 소수 세력의 역할 확대, 그 부분을 빼면 그렇다. 과거에 신민당, 민주당이 다 그런 방식으로 당선됐다. 신민당, 민주당 후보들은 전국 어디서나 당선될 수 있었다. 영남과 호남을 각각 독식하는 지역주의만 제거할 수 있다면 소선거구제가 과거처럼 운용될 수도 있었다. 다시 말해, 합당하면 소선거구제로 해도 영남당, 호남당의 소선거구제와는 전혀 다르다는 것이다. 그러나 지역주의에 근거해 할거하는 상황에서, 다시 말해 김영삼 쪽과 김대중 쪽의 합당이 이뤄지지 않을 경우 소선거구제는 지역주의를 한층 심화하고 구조화하는 성격을 지닐 수밖에 없게 된다. 이 점이 굉장히 중요하다. 이 부분을 사람들이 상당히 복잡하다고 생각할지도 모르겠는데, 과거 역사를 살펴보면서 찬찬히 생각해보면 충분히 이해할 수 있을 것이다.

김대중은 소선거구제를 역설하면서 중·대선거구제를 철회하라고 촉구했다. 그러나 김영삼이 실질적으로 움직이는, 이때는 김영삼이 총재직에서 사퇴했을 때인데, 통일민주당은 이를 거부했다. 통일민주당은 통합 논의를 할 때 계속 중·대선거구제를 버리지 못하고 있었다. 이러자 민정당이 국민의 뜻이라며 소선거구제를 밀어붙였고 그래서 소선거구제가 됐다는 것이다.

— 김영삼은 이 문제에 대해 어떤 주장을 내놓았나.

김영삼 쪽 주장을 보자. 1988년 1월 6일 대선 패배에 책임을 지고 내놓은 김영삼의 총재직 사퇴 여부를 묻는 통일민주당 임시 전당대회가 열렸는데, 여기서 김영삼을 지지하는 의견이 압도적으로 나왔다. 그러자 김영삼은 평화민주당을 포함한 모든 야권 세력이 이제 통일민주당의 깃발 아래 다시 모여야 한다고 주장했다. 이건 김대중 쪽에서 들으면 받아들이기 쉽지 않은 얘기였다. 자신이 만든 당을 해체하고 예전의 통일민주당으로 들어오라는 것 아닌가. 그런데 통합할 경우 나간 쪽이 들어오면 되는 것 아니냐는 여론은 있었다. 이때 평민당은 완전 소선거구제를 주장했다.

— 야권 통합 움직임, 어떻게 진행됐나.

야권 통합을 촉진하며 1월 26일 양순직, 유제연, 김현수, 김성식, 장기욱 등이 평민당을 탈당했다. 이날 양순직이 김대중을 만나 탈당하겠다며 "정치 지도자는 진퇴에 대한 윤리가 제일 중요하다는 것입니다. 저는 김 총재가 이 문제에 대해서 깊이 생각해주셨으면 합니다"라고 말하고 총재실을 나선 순간 연청 회원들에게 멱살을 잡히는 등 수모를 당했다. 다른 탈당자들도 비슷했다. 양순직은 그전에도 김대중에게 진퇴를 분명히 하라고 말한 바 있었다.

범민주 통합 신당 추진위 발족
옛 민주당 중진들 야권 통합에 앞장서

— 양순직 등이 탈당한 후 상황은 어떻게 전개됐나.

2월에 들어와 야권은 변화를 보였다. 2월 3일 문동환, 박영숙, 이상수, 이해찬, 양성우, 이길재, 박석무, 서경원 등 재야인사 91명이 입당해 평민당은 한층 더 강화됐다. 그렇지만 통합 움직임도 계속돼 박찬종, 조순형, 허경구, 이철, 장기욱 등은 야권 통합 추진위원회를 결성하고 2월 6일 재야인사들과 함께 범민주 통합신당 추진위원회를 발족했다.

그러자 김영삼은 그해 2월 8일 야권 통합을 위한 결단으로 자신이 전격적으로 총재직에서 사퇴한다고 밝혔다. 야권 통합을 위해서는 두 당의 총재가 2선으로 물러나야 한다는 여론에 부응한 것이다.

김영삼에 이어 김대중이 1988년 3월 17일 평화민주당 총재직에서 사퇴했다. 이 시기에 양김이 자기 당 총재직에서 사퇴한 배경은 1987년 대선에서 양김 분열로 야권 패배를 자초한 것에 대한 거센 비판 여론 때문이었다. 물론 일시적으로 물러나는 모양새를 취한 것일 뿐이었다. 4·26총선 직후 양김은 자기 당 총재로 복귀했다.

1988년 2월 20일 김대중은 기자 회견을 열어 1구 1~3인제를 저지하고 소선거구제를 관철하기 위해 원내외 투쟁까지 벌이겠다고 선언했다. 사진 출처: 연세대 김대중도서관

2월 10일에는 민주당과 평민당이 야권 단일화 추진위원회를 구성했다. 이때 민주당에서 동교동계가 평민당으로 분당하기 이전의 부총재였던 이중재, 양순직, 노승환, 이용희(이상은 동교동계), 김동영, 최형우, 박용만(이상은 상도동계) 등 7명이 실무 협상에 힘을 실어주기 위해 만났다. 이들은 단시일 내에 야권 통합을 이뤄낸다는 데 전격 합의했다. 그만큼 통합은 꼭 있어야 했고 시간은 촉박했다. 이들 7인 모임에서는 분당 전의 정무위원이 전원 참석해 합동 의총을 갖고 무조건 통합하자는 데 의견을 모았다.

그렇지만 실무 협상은 지지부진했다. 평민당 측은 민주당에 소선거구제 수용을 요구했고, 민주당은 김대중도 총재직을 내놓으라고 요구했다. 평민당은 재야와의 3자 통합을 촉구했다. 1980년 김대중의 주장과 닮은 주장이었다. 민주당은 양당이 먼저 통합하고 재야를 받

1988년 2월 23일 자 동아일보. 김영삼은 이날 기자 회견을 열고 김대중을 만나 소선거구제를 받아들이겠다고 선언했다.

아들이자고 주장했다.

　양당 합동 의총은 중대한 분기점이 될 수 있었다. 그러나 소선거구제 선결을 강력히 요구하는 평민당이 2월 15일 합동 의총에 불참했다. 통합은 이제 물 건너간 것 같았다. 한 걸음 더 나아가 2월 20일 김대중은 1구 1~3인제를 저지하고 소선거구제를 관철하기 위해 원내외 투쟁까지 벌이겠다고 나왔다. 다음 날 민주당 야권 통합 협상 대표들이 총재직에서 물러난 김영삼을 찾아와 지원을 요청했다. 이때의 상황을《김대중 자서전》을 통해 알아보자. 이 자서전에 따르면 "특히 신문은 나의 퇴진을 부추겼다. 내가 퇴진하면 모든 문제가 풀릴 것처럼 보도했다." 그래서 "나는 언론을 향해 쏘아붙였다. '상주보다 곡괭이(상주가 곡을 할 때 사용하는 지팡이 비슷한 나무 자루를 가리키는 듯)가 서럽게 운다고, 당은 가만히 있는데 신문이 저 난리를 치고 있다.'" 2월 23일 김영삼은 돌이키기 어려운 엄청난 발언을 하고 말았다.

— 무엇인가.

총재가 아니어서 자격도 없는데 김대중을 만나 소선거구제를 받아들이겠다고 선언한 것이다. 그러면서 야권 통합 재개를 요구했다. 만일 김대중이 소선거구제만 받고 야권 통합에 소극적이면 어떻게 할 것인가. 모든 것을 버리고 백의종군하겠다는 뜻은 좋지만, 그 뜻이 반드시 정당하게 받아들여지는 것은 아니다.

김영삼이 소선거구제를 받아들이겠다고 하자 양당 통합 움직임은 신속하게 가동되는 듯했다. 2월 26일 양당은 통합 추진 기구 합동회의를 열어 3월 5일까지 통합한다는 데 합의했다. 다음 날 양당은 소선거구제에 잠정 합의했다.

평민당의 공동 대표제로 통합 난관 봉착
민정당 날치기 통과로 소선거구제 확정

— 소선거구제, 어떻게 확정됐나.

3월 1일 평민당이 통합 야당 지도 체제를 김대중, 김영삼 공동 대표제로 하는 당론을 확정했다. 통합 야당 추진은 중대 난관에 부딪혔다. 평민당 내부에서도 공공연히 주장했지만, 두 김은 1987년 대선에 책임을 지고 물러나고 야당 통합은 이뤄져야 한다는 것이 많은 정치인의 주장이었고 사회 여론이었다. 그래서 김영삼이 물러났는데, 1987년 대선 단일화 실패에 더 큰 책임이 있는 김대중이 자신과 김영삼을 대표로 하자고 했으니 통합은 갈 길을 잃어버리고 말았다. 민주당은 김대중의 2선 퇴진을 요구했으나 허공의 외침이었다. 공동 대표 문제로 양당의 소선거제 국회의원 선거법 발의는 무산됐으나, 3월 5일 평민당은 국회에 이 선거법 발의를 단독 제출했다. 그러자 기다렸다는 듯이 민정당이 소선거구제에 쐐기를 박았다. 민정당은 민주당과 김종필 측, 자당의 중대 선거구제 주장이 다시 등장하는 것을 봉쇄하고 비례 대표 50퍼센트를 확보하기 위해, 민정당 선거법안은 제1당이 무조건 비례 대표 의석의 반을 차지하게 돼 있었는데, 3월 8일 새벽 선거법을 날치기 통과시켰다. 이제 소선거구제는 빼도 박도 못하게 됐다. 그렇게 소선거구제는 확정됐다.

—— 야권 통합 협상, 어떻게 마무리됐나.

김대중은 어떤 이유에서인지 3월 17일에 와서야 야권 통합을 위해 총재직을 사퇴한다고 선언했다. 모든 것이 끝난 셈인데 또 하나의 파문을 일으킨 것이다. 그렇다고 민주주의의 명운이 걸린 통합을 그만둘 수는 없었다. 김대중 선언을 계기로 민주당, 평민당, 한겨레민주당 협상 대표들이 다시 머리를 맞댔다. 통합 협상에 최종적으로 도장을 찍기로 한 3월 19일 대낮부터 북적거렸던 괴청년 200여 명이 협

1988년 4월 27일 자 동아일보. 민정당이 과반에 크게 미달해 참패했고, 평민당이 제1 야당으로 올라섰다고 보도하고 있다.

상 회의장을 점거하고 회의장을 떠나려던 민주당 협상 대표들에게 달려들어 난장판이 벌어졌다. 그때까지 최종안을 들고 김대중 결재를 받으려던 평민당 대표들은 돌아오지 않았다. 그렇게 통합 협상 판은 깨졌다. 3월 21일 평민당은 독자적으로 총선 체제에 돌입했다.

지역주의가 완벽하게 구현된 4·26총선
평민당, 소선거구제에 힘입어 2당으로 부상

── 4·26총선 결과는 어떠했나.

선거 결과 민정당은 지역구 87석에 전국구를 합쳐서 125석, 평화민주당은 지역구 54석에 전국구를 합쳐서 70석, 통일민주당은 지

노무현의 13대 국회의원 선거 홍보물 사진. 정치에 갓 데뷔한 노무현은 청문회에서 정주영, 전두환에게 큰소리를 치는 등 큰 활약을 펼쳐 일약 스타 정치인이 됐다. 사진 출처: 노무현사료관

역구 46석에 전국구를 합쳐서 59석을 차지했다. 이 선거에서 이철승, 민한당 총재 유치송, 국민당 총재 이만섭 등이 낙선했는데 그런 점에서도 이변이 있었다.

이 선거에서 평화민주당이 제2당이 됐지만 득표율에서는 그렇지 못했다. 전국 득표율을 보면, 민정당은 불과 33.9퍼센트를 가지고 125석이나 획득했다. 그렇지만 예상과 달리 과반수를 차지하지는 못했다. 통일민주당은 23.8퍼센트를 득표했는데도 3등밖에 못했다. 그와 달리 평화민주당은 19.2퍼센트를 득표했는데도 2등을 했다. 4퍼센트포인트 넘게 통일민주당 득표율이 평화민주당 득표율보다 높은데도 그랬다.

이건 소선거구제 때문에 생긴 현상이다. 왜냐하면 김영삼을 지지하는 쪽은, 경상도 쪽이 특히 그랬는데, 민정당을 지지하는 쪽과

도도한 민주화 물결

겹치는 데가 많았다. 그러한 상황에서 평화민주당은 광주, 전남북을 합쳐 37석 중에서 36석을 휩쓸어버렸다. 광주에서 평화민주당 지지율은 88.6퍼센트를 기록했다. 호남 지역 당선자 중 나머지 1명은 한겨레민주당 소속이었는데 곧 평화민주당에 들어갔다. 평화민주당은 서울에서 17명, 경기도에서는 1명이 당선됐지만 그 이외 지역에서는 전멸했다.

통일민주당은 부산 15석 가운데 14석을 휩쓸었다. 그러나 경남에서는 22개 지역 중 9개밖에 차지하지 못했다. 다른 지역에서는 호남을 제외하면 골고루 몇 석씩 차지했다. 평화민주당보다는 고른 분포를 보였다. 민정당은 대구 8석을 다 차지했고 경북 21개 지역 중 17개, 경기 28개 지역 중 16개를 차지했다. 즉 전라도를 제외한 다른 지역에서 골고루 의석을 확보했다.

— 1987년 대선과 마찬가지로 야권이 분열된 상태이기 때문에 여당이 무난히 과반수 의석을 확보할 것이라는 다수의 예측은 빗나갔다. 이렇게 된 데에는 여러 요소가 작용했지만, 다른 무엇보다도 지역주의를 빼놓고는 설명할 수 없지 않나.

이 선거에서는 1987년 대선 못지않게 지독한 지역주의가 쓰나미 현상처럼 유권자들의 마음을 쓸어 담았다. 이 총선에서 최대의 승자는 평민당과 함께 김종필의 신민주공화당이었다. 1987년 대선에서 지역주의가 기승을 부리자 충남에서도 '우리도 영호남처럼 지역주의를 따라가자'고 하여 18개 의석 중 13개 의석이나 차지했다. 다른 지역에서 당선된 것을 합쳐 35석이나 차지함으로써 유신 잔당으로 비난받던 김종필의 정치생명을 부활시켰다. 반면 이 선거에서 최대의 패배자는 민정당과 민주당, 그리고 꼬마 정당인 한겨레민주당이었다.

민정당이 무난히 과반수를 차지할 것이라거나 압승할 것이라는 예상을 뒤집고 '뜻밖에도' 절반에 못 미치는 의석을 차지한 것은 노태우가 대통령에 취임한 직후 민정당이 새벽에 날치기 통과시킨 소선거구제 때문이었다. 서울의 경우 전체 득표에서는 평민당보다 3만 표밖에 떨어지지 않았으나 의석에서는 7석이나 뒤지는 10석밖에 차지하지 못한 것도 소선거구제 때문이었다. 그러나 1955~1971년 총선에서 권위주의 정권의 정당이 간신히 한두 석밖에 차지하지 못하고 야당이 싹쓸이하다시피 했는데 무려 10석이나 서울에서 건진 것은 그나마 평민당과 민주당으로 야당이 분열됐기 때문이었다.

소선거구 최대 피해자는 민주당
지역주의가 관권·금권·선심 공약까지 삼켜

— 지역주의와 소선거구제의 결합에서 비롯된 결과는 여러 형태로 나타나지 않았나.

민주당 또한 서울에서 득표가 평민당보다 6만 표밖에 떨어지지 않았으나 의석은 10석밖에 안 된 것은 민주당의 당론과 달랐던 소선거구제 때문이었다. 사실 소선거구제의 최대 피해자는 여러 선거구에서 2위를 많이 한 민주당이었다.

한겨레민주당은 온건 진보 성향을 띤 후보를 많이 냈으나 전남의 한 지역에서만 당선됐다. 지역적 연고가 전혀 없는 당이었기 때문이다. 바로 이 점에서 이 총선에서 비슷한 성향을 가진 후보 중 평민당에서 이해찬, 이철용, 양성우, 정상용, 이상수, 장석화 등이, 민주당에서 노무현, 김광일 등이 당선된 것과 대조적이었다. 그렇지만 한겨레민주당은 그래도 25만여 표(1.3퍼센트)라도 얻었으나 민중당은 6만여 표, 사회당은 3,000여 표밖에 안 됐다. 7, 8, 9월 노동자 대투쟁이 있었는데도 아직 유권자 의식이 미치지 못했고 진보 정당의 수준도 작용해서 득표를 못한 것이다.

　대선과 총선에서 지역 이기주의가 기승을 부린 데에는 박정희, 전두환·신군부가 장기 집권을 하고 독재 권력을 유지하기 위해 권력 분배나 경제적 측면에서 특정 지역에 대단히 편중된 정책을 쓴 것이 직접적으로 작용했다. 그렇지만 장기간에 걸쳐 권위주의를 하는 동안 누적된 반공 냉전 의식 및 그것과 결합된 이기주의가 사회에 널리 퍼져 시민 의식 또는 공공 의식이 약했던 것이 기본 바탕을 이루고 있었다. 그와 함께 김대중, 김영삼이 분열된 상태에서 대선을 치른 것이 지역주의를 심화시켰다. 이러한 지역주의를 거의 완벽하게 구현하고 고착화해 구조적 성격을 지니게 한 것이 양김 분열하의 소선거구제 채택이었다.

　지역주의가 몰고 온 쓰나미 현상은 1987년 6월항쟁에서 보여줬던 능동적이고 적극적인 시민 의식을 삼켜버리는 것 같았다. 그런데 그 쓰나미 현상은 권위주의 시대의 관권도 상당 부분 삼켜버렸다. 그래서 공무원조차 지방색에 따르게 하고, 1967년 6·8선거부터 대단한 위력을 발휘했던 선심 공약도 지역주의 앞에서 맥을 못 추게 했다. 오랫동안 선거판을 뒤흔들었던 금권 선거도 퇴색하게 했다. 이런 측면에서 보면, 지독한 지역주의라는 이상한 방식으로 과거에 관행처럼 작용했던 커다란 문제점을 제거하거나 약화시킨 면이 있기는 있다.

최초의 여소야대 국회…최대 쟁점이 된
광주항쟁과 5공 비리 진상 규명

── 득표율은 물론 의석수에서도 야당이 여당을 앞선 건 이때가 처음 아닌가.

제일 놀라운 것은 이 선거 결과 여소야대 국회가 출현하게 됐다는 점이다. 1955년 이래 처음 보는 현상이었다. 여소야대 국회는 민주화를 추진하는 데 일정 기간 동안, 아주 짧은 기간이었지만, 위력적인 동력으로 작용했다. 흥미 있는 현상이지만 유신 잔당이라는 얘기를 들었던 김종필의 신민주공화당이 평민당, 민주당과 보조를 맞췄기 때문이다. 초록은 동색이라지만 김종필은 민정당과 손을 잡지 않았다. 5·17쿠데타 직후 전두환·신군부로부터 심하게 당했기 때문이다. 또 신민주공화당 의원들은 자신들이 민정당과 차별성을 갖는 것이 자신들의 위상을 세우는 데, 제4당으로 힘을 갖는 데 유용하다고 판단했다. 이렇게 신민주공화당이 다른 야당과 공조함으로써 노태우, 민정당 등 5공 세력은 큰 시련을 맞게 됐다. 대통령 중심제였지만 의회의 다수가 뜻을 같이하면 할 수 있는 일이 많았고 대통령도 견제할 수 있었다.

── 최초의 여소야대 국회에서 어떤 모습이 나타났나.

새로운 여소야대 국회가 문을 열자마자 광주항쟁과 5공 비리의 진상 규명 문제가 최대 쟁점이 됐다. 1988년 6월 13일, 헌정 사상 최초로 청문회 제도 신설을 골자로 한 국회법 개정안이 만장일치로 통

1988년 광주 청문회 모습. 광주 청문회의 핵심은
전두환을 증언대에 세우는 일이었다. 하지만
전두환은 노태우에게 제공한 막대한 선거 자금 등
정치 자금 액수를 들이대며 증언을 완강히 거부했다.

1988년 12월 20일 광주 청문회에 불만을 품은 유족들이 국회에서 항의하고 있다.

과됐다. 6월 27일에는 '5·18 광주민주화운동 진상 조사 특위', 이게 광주 특위인데 이것과 '제5공화국에 있어서의 정치 권력형 비리 조사 특위', 즉 5공 특위 등을 설치하기로 합의했다.

그해 11월 3일, 5공 특위에서 전두환의 일해재단에 대한 청문회를 열었다. 헌정 사상 처음으로 열린 청문회였다. 이날 청문회는 서울 시내 36개 대학에서 학생 1만여 명이 각각의 대학에서 전두환·이순자 체포 결사대 출정식을 열고 곳곳에서 격렬히 시위를 벌이는 가운데 진행됐다.

얼마 전만 해도 나는 새도 떨어뜨린다는 위세를 자랑하던 장세동을 비롯한 전두환·신군부 정권 실세들과 정주영을 비롯한 재계 거물들이 줄줄이 청문회에 불려와 호통을 당했다. 상상할 수 없었던 일이 매일같이 일어난 것이다. 그러면서 청문회는 엄청난 인기를 끌었다. MBC, KBS에서 생중계했는데 시청률이 각각 56퍼센트, 64퍼센트

도도한 민주화 물결

까지 오를 정도였다. 이건 두 달 전에 있었던 88올림픽 개막식 때보다도 높은 시청률이었다.

노무현 의원 같은 청문회 스타도 탄생했다. 정주영이 증언대에 서자 의원들은 갑자기 "증인님", "회장님" 하면서 굽실거렸다. 정경유착의 실상을 단적으로 보여주는 이러한 모습에 많은 국민이 분노했다. 그런데 바로 그 정주영이 초선인 노무현 의원에게 집중타를 맞고 말문이 막혔다. 정주영은 결국 바른말을 못해 죄송하게 생각한다고 사과 겸 토로를 할 수밖에 없었다. 노무현 인기가 쫙 올라갔다.

증언대에 서긴 했지만
궤변과 변명만 늘어놓은 전두환

── 광주 학살의 주범을 밝히고 전두환을 증언대에 세우는 문제 또한 초미의 관심사이지 않았나.

1988년 11월 18일 김대중의 증언을 필두로 광주 청문회가 시작됐다. 그러나 증인으로 소환된 전두환과 최규하는 출석하지 않았다. 광주항쟁 당시 국방부 장관, 육군 참모총장 등을 맡고 있었던 군 수뇌부는 변명으로 일관했다.

광주 청문회의 핵심은 전두환을 증언대에 세우는 일이었다. 노태우 정권은 전두환 일가족을, 거기에는 형제들은 물론 처남도 포함됐는데, 구속하고 장세동 등 전두환·신군부 정권의 핵심 실세들을 소환했다. 전두환 일가의 극심한 부정부패에 대한 국민적 분노가 끓어오르고 광주 학살의 진상을 명명백백하게 밝혀야 한다는 요구가 거셌기 때문에 그렇게 하지 않을 수 없었다.

그렇지만 전두환은 노태우에게 제공한 막대한 선거 자금 등 정치 자금 액수를 들이대며 증언을 완강히 거부했다. 결국 그해 11월 23일 전두환·이순자 부부가 정치 자금 139억 원 및 자택 등 수십 억 원을 국가에 헌납하고 백담사로 떠나는 것으로 낙착을 봤다. 현대판 귀양이었는데 전두환이 139억 원도 내려고 하지 않아, 이 사람은 항상 이런 식으로 돈을 안 내려고 버티는데, 청와대 측에서 50억 원을 보탠 것으로 알려졌다. 청와대에서는 전두환에게 해외에 나가라고 종용하기도 했다. 그러나 전두환은 "차라리 감옥에 가는 한이 있더라도 외국에는 나가지 않겠다"며 장기 외유를 강하게 거부했다.

전두환·이순자가 백담사로 떠나긴 했지만, 광주 학살 진상 규명 문제는 여전히 남아 있었다. 1989년 1월 광주 특위는 전두환, 최규하에게 동행 명령장을 전달했다. 그러나 전두환, 최규하는 이번에도 증언을 거부했다. 동행 명령장이 다시 발부됐지만 전두환 등은 계속 증언을 거부했다. 그런 속에서 1989년 12월 16일 노태우와 김대중, 김영삼, 김종필은 전두환이 청문회에 나와서 1회 증언을 하되 녹화 중계하고 질의는 서면으로 하기로 합의했다.

1989년 12월 31일, 1980년대의 마지막 날인 이날 전두환이 국회에 증인으로 출석했다. 예상대로 전두환은 1980년 당시 자신이 '광주사태'에 관여할 위치에 있지 않았다고 강변했다. 정치 자금 문제에 대해 입을 열면 새로운 사태가 일어날 것이라는 협박도 잊지 않았다. 전두환 출석에 TV 시청률이 한때 81퍼센트까지 치솟았지만, 전두환이 말도 안 되는 소리를 계속 늘어놓자 시청률은 곤두박질쳤다.

── 최초의 여소야대 국회, 전체적으로 어떻게 평가하나.

1988년 4·26총선에서 지역주의와 소선거구제의 결합은 여소야
대 국회를 탄생시켰다. 민정당과 별 다를 바 없는 김종필의 신민주공
화당이 두 야당과 공조함으로써 여소야대 국회는 5공 청문회, 광주
청문회를 열어 전두환·신군부에 대해 어느 정도 단죄를 할 수 있었
다. 그러나 여소야대 국회는 그것에서 멈췄다. 5공 청산이건 광주 학
살 진상 규명이건 더 이상 나아가지 못했다. 그뿐 아니라 노태우 민
정당이 김영삼 민주당, 김종필 신민주공화당과 합당해 민주자유당이
란 괴물이 출현했다. 그 후 1992년 총선, 1996년 총선, 2000년 총선에
서 집권 여당이 항상 과반수에 미달하는, 그런 면에서 또다시 여소야
대 국회를 가져왔으나 어느 여소야대 국회도 민주주의를 확충하거나
개혁적이지 못했고 집권 정부의 발목을 잡는 경우가 많았다.

지역주의 기반 둔 소선거구제로
민자당이란 괴물 탄생

—— 4·26총선으로 탄생한 여소야대 상황은 2년도 지속되지 않았다.

> 전두환은 이날 광주항쟁 당시 시민을 겨냥한 발포에 대해 "자위권 행사 문제는 초기에는
> 군인 복무규율에 따라 불가피한 상황 하에서 행사된 것으로 판단되며 현지 상황이 더욱
> 악화됨에 따라 (1980년) 5월 22일 자위권 발동도 가능하다는 계엄사령부의 작전 지침이
> 지휘 계통을 통해 하달된 것으로 안다"고 이야기했다. "자위권" 운운한 전두환의 변명은
> 야당 의원들의 거센 반발을 불러일으켰다. 평화민주당의 정상용, 조홍규 의원 등은 전
> 두환의 발언대 앞으로 나아가 "발포 명령자가 누구인지 밝혀라", "사람을 죽여놓고 자위
> 권 발동이 뭐냐"고 고함쳤다. 민정당 쪽에서 이를 몸으로 가로막으면서 회의장은 아수라
> 장으로 변했다. 또한 평화민주당 이철용 의원은 발언대로 돌진해 전두환의 팔을 붙잡고
> "당신은 살인마야, 살인마 전두환"이라고 질타했다. 전두환이 시종일관 변명을 늘어놓고
> 퇴장하자 통일민주당 노무현 의원은 명패를 발언대 쪽으로 던졌다.

지역주의와 소선거구제 결합에 의한 여소야대 국회는 결국 1990년 2월 9일 민주자유당 탄생으로 이어졌다. 민정당과 신민주공화당의 합당은 초록이 동색이라 이상할 것이 없었지만, 김영삼 민주당이 여기에 참여한 것은 뜻밖이라고 생각할 수도 있다. 그러나 김영삼과 김대중의 관계는 특이했다. 1971년 대선을 제외하고는 1960년대 통합 야당이 만들어진 후 김영삼이 대개는 김대중을 앞섰다. 그렇지만 1988년 4·26총선은 지역주의와 소선거구제가 결합한 것이라 김대중은 자신의 셈법대로 됐지만 김영삼은 크게 낭패감을 맛봤다. 득표율에서 무려 4.6퍼센트포인트나 앞섰고 평민당과 달리 호남을 제외하고는 비교적 전국 각지에서 고른 득표를 보였는데도 3당밖에 못 됐다. 3당은 제1야당과 큰 차이가 있었다. 김영삼은 4당 체제에서 한계를 절감했다. 대통령 꿈도 결코 접을 수 없었다.

— 1988년에 채택된 소선거구제는 그 이전의 소선거구제와 성격이 전혀 다르다고 앞에서 강조했다. 그 부분을 조금 더 짚어봤으면 한다. 1988년에 채택된 소선거구제가 한국 정치에 어떤 영향을 쳤다고 보나.

전국적 규모의 야당이 존재하는 상황에서 치러지는 소선거구제와 지역주의와 결합된 소선거구제는 그 성격과 역사적 역할이 현저히 다르다. 특정 지역에 당수로부터 특정 정당의 공천만 받으면 자동으로 당선되는 선거는 선거가 아니고, 정당도 정당이 아니다. 과거에도 권위주의 권력하의 여당은 1인 정당 성격이 강했지만 지역주의와 결합된 소선거구제는 여야를 막론하고 1인 정당을 만들어냈고 지역 정당을 만들어냈다. 선거와 정당의 존재 의의를 왜곡시키고 퇴색시

켰으며 마치 민주주의 목을 조르듯 민주주의를 위협했다.

이러한 지역당 선거, 지역당 정치는 정치에 대한 무관심, 정치와 정치인에 대한 혐오감을 증폭시킨다. 정치 허무주의가 판을 치고 박정희 신드롬이 전염병처럼 확산된다.

지역당들에 의해 선거가 치러지고 정치가 행해지면 모든 정책이나 개혁을 지방당 차원에서 보려는 '외눈팔이' 시각 현상이 일어난다. 전 국민적인 차원의 정책이나 개혁도 지방당 이해관계에서 나온 것으로 몰아세운다. 진보와 보수의 갈등도 지방색 갈등으로 덧칠한다. 이보다 훨씬 두려운 현상도 일어났다.

가장 크게 민주주의 목을 조르는 형국은 2000년대에 와서 더 심하게 나타났다. 박정희 유신 체제와 전두환·신군부 체제의 정치적 기반이 된 지역은 극단적인 반공주의로 무장한 수구 냉전 세력이 다른 지역보다 더 있었다. 그런데 수구 냉전 세력의 무조건 지지에 기댄 일부 정치 세력이 한반도 평화 정착, 남북 대화, 과거사 청산, 민주주의 개혁에 대한 위협 세력으로 당당히 의정 활동을 하고 활약하게 된 것이다. 광주항쟁에 대한 발언을 떠올려보자. 그것은 그러한 발언을 해도 자신을 지지하고 당선시켜줄 기반이 있다고 믿기 때문 아닌가.

전두환·노태우 법정에 세우다
'역사의 힘' 작동한 역사 바로 세우기

── 천문학적 규모의 부정부패, 뻔한 거짓말, 그러면서도 끝까지 버티는 전두환의 모습은 오늘날 박근혜를 자연스레 떠올리게 만든다. 세간에서 박정희의 양자로 불린 전두환과 박정희의 딸 박

1996년 8월 26일 1심 선고 공판에 나란히 선
전두환과 노태우. 이날 재판부는 전두환에게 사형,
노태우에게 무기 징역을 선고했다. 1997년 대법원은
전두환에게 무기 징역, 노태우에게 징역 17년을
선고했다. 하지만 두 사람은 1997년 12월 대선 직후
석방됐다. 사진 출처: 국가기록원

근혜, 이 두 사람은 사이가 별로 좋지 않은 것으로 알려져 있지만 정의와 상식을 바라는 다수 국민의 속을 뒤집어놓는 행태 그리고 반성과 참회는 찾아볼 수 없다는 점 등 여러 면에서 닮은 꼴이라는 생각이 든다.

전두환·노태우에 대한 단죄는 김영삼 대통령 때에 이뤄졌다. 1995년 7월 검찰은 전두환 등에 대해 불기소 처분을 했다.＊ 그러나 그해 10월 노태우 비자금 계좌가 폭로되면서 11월에 노태우가, 12월에 전두환이 구속됐다. 그해 12월에는 5·18특별법, 공소 시효 특례법이 국회를 통과했다.

1997년 4월 17일 대법원은 12·12쿠데타와 5·17쿠데타, 5·18 민주화 운동 등에 대한 판결을 내렸다. 전두환은 무기 징역에 추징금 2,205억 원을, 노태우는 징역 17년에 추징금 2,628억 원을 선고받았다. 대법원은 황영시, 허화평, 이학봉에게 징역 8년, 정호용, 이희성, 주영복에게 징역 7년, 허삼수에게 징역 6년, 최세창에게 징역 5년, 차규헌, 장세동, 신윤희, 박종규에게는 징역 3년 6월형을 각각 확정했다. 12·12쿠데타, 5·17쿠데타, 광주 유혈 사태 등의 주역들에 대한 심판이었다. 전두환과 노태우는 1997년 12월 대선 직후 석방됐다. 이건 당시 대통령에 당선된 김대중에게 부담을 주지 않기 위해서였다고 한다.

── 김영삼, 김대중 대통령을 어떻게 평가하나.

＊ '성공한 쿠데타는 처벌할 수 없다'는 검찰의 궤변은 수많은 국민을 분노하게 만들었다.

나는 1988년 4·26총선에서 지역주의와 소선거구제의 결합에 의한 여소야대 국회가 일시적으로 5공 청문회, 광주 청문회를 열어 전두환·신군부를 어느 정도 단죄할 수 있었던 것은, 오랜 민중의 삶과 활동, 지혜와 소망이 녹아 있는, 헤겔이 '이성의 간지奸智'라고도 부른 '역사의 힘'이라고 믿는다. 이러한 '역사의 힘'은 우리 근현대사에서 여러 차례 있었다.

1948년 5·10선거에 의해 구성된 제헌 국회에서도 그러한 역사의 힘이 잘 드러났다. 단정 운동을 열렬히 벌였던 이승만·한민당이 5·10선거에서 대승할 것이라고 예상했다. 그러나 유권자는 그렇게 선택하지 않았다. 한민당은 패배했고 이승만 지지 세력도 그렇게 강하지 못했다. 그러면서 김구·김규식과 맥이 통하는 소장파가 중심이 되어 반민법을 만들고 농민적인 농지개혁법을 만들었다. 이른바 소장파 전성시대가 열린 것인데 해방이 가져온 혁명적 변화가 제헌 국회에까지 미쳤기 때문이었다. '역사의 힘'이 아니고 무엇이겠는가. 1949년 6월에 이승만, 친일파의 반격이 일어나 반민특위가 습격당하고 국회 프락치 사건이 만들어지고 김구가 암살됐다.

1960년 4월혁명에서도 비슷한 현상이 일어났다. 4월혁명에 별로 참여하지 않은 장면 민주당 정부는 이승만 자유당 정권 단죄에 소극적이었다. 그러나 열화와 같은 혁명 입법 제정 요구에 개헌을 하고 혁명 입법을 만들어 이승만 자유당 정권 단죄에 들어갔다. 이것 또한 '역사의 힘'이었다. 그렇지만 장면 정부의 태만과 5·16쿠데타로 이승만 정권 단죄는 흐지부지되고 말았다.

나는 김영삼 대통령, 김대중 대통령이 훌륭한 대통령이 되려고 했다고 생각한다. 두 분은 1987년 대선, 1988년 총선에서 6월항쟁의 의의를 훼손하고 민주주의 앞길에 장애가 되는 과오를 범했지만, 대통령이 된 다음에 역사에 남을 만한 일을 해보려고 노력했다고 생각한다. 두 분 다 6월항쟁 정신을 계승하기 위해 많은 노력을 기울였다. 한 분은 역사 바로 세우기로, 한 분은 6·15 남북 정상 선언으로 민주주의와 민족사에 남을 큰일을 해냈다.

김영삼 대통령은 과감한 개혁 정치를 폈다. 신군부의 중추였던 하나회 군인들을 숙정했고 안기부도 개혁했다. 공직자 재산 등록을 의무화했고 금융 실명제와 부동산 실명제를 실시했다. 그래서 집권 초기에 인기가 좋았다. 전교조 교사들도 복직시켰다. 1965년 국교 정상화 이후 처음으로 자주적이고 평등한 대일 외교를 펼쳤다. 최대 업적은 역사 바로 세우기였다. 앞에서 언급한 대로 12·12쿠데타, 5·17 쿠데타, 광주 학살을 저지른 전두환·노태우 등 정치 군인들을 단죄했다. 대한민국 정부 수립 초기의 친일파 처단, 제2공화국의 이승만 자유당 정권 단죄는 좌절됐지만 정치 군인 단죄는 그런대로 성공적이었다.

새천년 장식한 6·15 공동 선언,
민족사를 새로 쓰게 하다

도도한 민주화 물결, 열두 번째 마당

6월항쟁 후 들불처럼 번진
통일 운동

김 덕 련 6월항쟁 이후 분단을 해소하고 남북 관계를 새롭게 모색하는 움직임이 활발하지 않았나.

서 중 석 1960년 4월혁명이 일어나자 몇 달 후 통일 운동이 활발하게 전개되지 않았나. 그것과 마찬가지로 1987년 6월항쟁이 일어난 후에도 통일 운동이 활발하게 전개됐다. 6월항쟁과 7·8·9월 노동자 대투쟁이 계승 관계에 있다고 지난번에 얘기했는데, 6월항쟁으로 시민과 노동자의 기본적 민주주의가 어느 정도 쟁취되면 또 바늘에 실 가듯이 수구 냉전 권력에 의해 악압받았던 통일 운동이 일어나게 돼 있었다. 6월항쟁, 노동자 대투쟁, 통일 운동 이 세 가지는 서로 밀접한, 한국의 특수한 상황을 반영하는 것이지만, 관계를 맺고 있었다.

1970년대 후반에는 해외에서 통일 문제에 대한 관심이 컸지만, 1980년대에 들어와서 국내에서도 통일과 관련된 큰 움직임들이 있었다. 1983년에 있었던 KBS 이산가족 찾기 생방송은 남남 이산가족 찾기였지만 분단의 아픔을 진하게 느끼게 했다. 1985년 9월에는 남과 북의 정부 수립 이후 37년 만에 처음으로 남북 이산가족이 상봉했다.

1980년대에 활약한 주요 재야 단체들도 통일을 대단히 중시했다. 1983년에 결성된 민청련(민주화운동청년연합), 1984년 6월에 조직된 민중민주운동협의회, 1984년 10월에 창립된 민주통일국민회의 모두 통일을 중시했다. 민주통일국민회의는, 그 의장 문익환이 1980년대 통일 운동을 상징하기도 했지만, 이름부터 민주주의와 통일을 똑같이 중시한다는 걸 보여줬다. 1985년에 민통련(민주통일민중운동연합)

이 만들어졌는데 역시 의장은 문익환이었고 민주주의와 통일, 그리고 이제는 민중까지 세 가지를 중시하며 재야 세력의 중심축 역할을 했다. 민통련은 1987년 대선에서도 통일 지향 정치를 중시했다. NL계 학생들이 6월항쟁에서 주도적으로 활약했는데, 이들이 내세운 민족, 자주는 통일과 직결돼 있었다.

학생들, 남북 학생 회담 제안하고
올림픽 공동 개최 요구

── 6월항쟁 이후 통일 운동, 어떻게 전개됐나.

6월항쟁 직후인 1987년 8월 19일 NL계를 주축으로 전대협(전국대학생대표자협의회)이 출현했다. 97개 대학에서 참여한 전대협은 활동 방향의 두 번째 항목에 "조국의 자주적, 평화적 통일을 앞당기는 데 기여할 것"이라고 명시했다.

통일 운동은 1988년 3월 서울대 총학생회장 후보로 나선 김중기가 남북한 대학생 체육 대회와 국토 종단 순례 대행진을 제안하면서 폭발하듯 불이 붙었다. 김중기는 '김일성종합대학 학생들에게 드리는 공개서한'에서 민족 화해를 위한 남북한 청년 학생 국토 종단 순례 대행진을 1988년 8월 1일부터 14일까지 북한 청년 학생은 백두에서 판문점까지, 남한 청년 학생은 한라에서 판문점까지 하고 8월 15일 판문점에서 만나 한판 대동제를 하자고 제안했다. 남북한 청년 학생 체육 대회를 그해 9월 15일에서 17일 사이에 서울대와 김일성종합대학 중 한 곳에서 하자는 제안도 했다. 그러면서 실무 회담을 6·10

항쟁 1주년인 1988년 6월 10일 판문점이나 제네바 같은 제3국 지역에서 열자고 제안했다. 김일성종합대학 학생위원회는 이것에 동의했다. 그러면서 남북 학생 회담은 사회적 이목을 끌며 큰 파장을 불러일으켰다.

큰 파장과 파문을 일으킨 서울대 총학생회장 후보의 제안과 북한의 태도, 남한 정부의 대응은 1961년 5월의 그것과 아주 흡사하다. 1961년 5월 3일 서울대 민족통일연맹(민통련)은 남북의 두 정권은 더이상 패배 의식과 소수 일파의 안일에 의해 방해하지 말라며, 남북 학생 회담을 열고 그 의제로 남북 학생 기자 교류, 학술 대토론회, 예술과 학문 창작의 교류, 학생 친선 체육 대회 개최를 제시했다. 그리고 이러한 결의를 남북 행정 당국도 지지해달라고 호소했다. 북한은 다음 날 즉각 남북 학생 회담 등에 신변 보장을 하겠다고 언명했고, 며칠 후 북한의 조국평화통일위원회는 남북 간 다각적 접촉을 주장했다. 학생들의 제안과 북측의 호응에 놀란 장면 정부는 용납하지 않겠다고 밝혔다. 그러나 민족자주통일협의회(민자통) 등 통일 운동 단체는 즉각 환영했고, 5월 13일에는 수만 명이 참여한 대규모 지지 집회를 열었다. 3일 후 쿠데타가 일어났고 통일 운동 관계자들이 대거 체포돼 혹독한 형을 받았다.

1988년 통일 운동과 함께 강렬하게 주창된 것이 남북 공동 올림픽 개최였다. 이에 앞서 1985년 7월 북한 부총리 정준기가 올림픽 남북 공동 개최를 들고나왔다. 그 후 후안 안토니오 사마란치 국제올림픽위원회IOC 위원장의 중재로 1988년 1월까지 네 차례에 걸쳐 남북 체육 회담이 열렸지만, 이 문제에 대해 합의하지는 못했다. 이처럼 1988년 1월에 남북 체육 회담은 결렬됐지만, 학생들과 재야 세력이 올림픽 공동 개최를 강력히 주장하고 나선 것이다. 1988년 5월 28

일 민통련을 비롯한 65개 사회단체는 남북 공동 올림픽과 6·10 남북 학생 회담 성사를 촉구하는 시국 선언을 발표했다. 민통련은 6월 28일 다른 단체들과 함께 '통일 염원 범국민 평화 대행진 추진위원회'를 조직하고 국군 작전권 환수, 평화협정 체결, 남북 국회 회담으로 불가침 선언을 채택할 것과 함께 민족 단일팀이 보장되는 공동 올림픽이 되도록 할 것을 촉구했다.

노태우 정권,
창구 단일화와 7·7선언으로 대응

—— 노태우 정권은 어떻게 대처했나.

학생들을 비롯한 각계각층에서 통일 논의가 활발하게 이뤄지고 남북 공동 올림픽 개최와 남북 학생 회담에 대한 요구가 분출하자, 노태우 정부는 1988년 6월 2일 소위 창구 단일화 조치를 발표했다. '통일 논의를 적극 개방하고 건전한 통일 논의의 활성화를 뒷받침하되, 대북 제의나 접촉의 창구는 정부로 일원화돼야 한다'는 것이었다. 사실상 통일 논의, 특히 민간인의 남북 대화나 접촉을 제한하고 재갈을 물리기 위한 조치였다. 노태우 정부는 창구 단일화 논리로 6·10 학생 회담을 불허하고 저지했다.

그런 속에서 남북 학생들이 실무 회담을 열겠다고 한 6월 10일 전날인 9일, 전국 25개 대학의 학생 1만여 명이 6·10 남북 학생 회담 성사를 위한 100만 학도 총궐기 대회를 열었다. 6월 10일 전국에서 모여든 학생들이 출정식을 열고 판문점으로 가려 했으나, 경찰에 의

6·10 남북 학생 회담을 위해 판문점으로 향하던 대학생들이 홍제동 지하철역 앞 도로에서 팔짱을 끼고 드러누워 〈우리의 소원은 통일〉을 부르고 있다. 사진 출처: 경향신문

해 봉쇄됐다. 학생들은 곳곳에서 격렬한 시위를 벌였다. 이날 시위로 890여 명이 연행되고 32명이 국가보안법 위반 등의 혐의로 구속됐다.

통일 운동이 거세지자 노태우 대통령은 1988년 7월 7일 '민족자존과 통일 번영을 위한 특별 선언', 즉 7·7선언을 발표했다. 이 선언에서 노태우는 6개 항의 정책을 발표했다. 먼저 5항까지 주요 내용을 살펴보면, 1) 남북 동포 간의 상호 교류를 추진하고 2) 이산가족들의 생사 확인과 상호 방문 등을 적극 주선하고 3) 남북 간 교역의 문호를 개방하고 남북 간 교역을 민족 내부 교역으로 간주하며 4) 비군사적 물자에 대해 우방들이 북한과 교역하는 데 반대하지 않고 5) 남북 간의 소모적인 경쟁 대결 외교를 종결하기를 희망한다고 표명했다.

가장 중요한 것은 마지막 6항이었다. 노태우는 여섯 번째로 "북한이 미국, 일본 등 우리 우방과의 관계를 개선하는 데 협조할 용의가 있으며 또한 우리는 소련, 중국을 비롯한 사회주의 국가들과의 관계 개선을 추구한다"고 밝혔다. 6항이 중요한 이유는 소련, 중국 등 사회주의 국가들과 관계 개선을 추구한다는 것, 나중에 이걸 북방 외교라고 부르는데 그런 북방 외교를 실현한다는 것과 함께 북방 외교를 실현해 북한을 포위하고 고립시키겠다는 뜻이 담겨 있기 때문이다.

학생들은 6·10 남북 학생 회담이 실패로 돌아가자 8·15 남북 학생 회담을 다시 적극적으로 추진했다. 야당과 재야 단체들이 이를 지원했지만 정부 당국이 불허해 8·15 남북 학생 회담은 성사되지 않았다. 8월 15일 학생들은 연세대에 모여 출정식을 열고 판문점으로 향했지만, 경찰에 막혀 도심 곳곳에서 산발적인 시위를 벌였다. 경찰은 2,020명이나 연행했다.

학생들이 대규모로 참여하고 재야 단체가 적극 지지하며 동참한 통일 운동은 극단적 반공, 냉전 논리에 맞서 통일에 대한 관심을 높이는 역할을 했다. 또 대선에서 정권 교체에 실패한 뒤 대학가에 만연했던 패배감을 해소하고 학생 운동이 일정 기간 대중성을 획득하는 계기가 됐다.

남북 공동 올림픽 개최 주장과
북한 바로 알기 운동, 어떻게 볼 것인가

—— 88올림픽 전에 나온 남북 공동 올림픽 개최 주장을 다뤘는데, 냉정히 따져볼 때 공동 올림픽이 당시 실행 가능한 일이었을까? 북측의 정치 공세라고 볼 수 있는 측면도 있지 않았나.

전두환 정권이나 반공주의자들은 올림픽 같은 큰 잔치를 독식해야지 북한에 조금이라도 이득이 될 수 있는 기회를 제공해서는 안 된다고 생각했다. 북한 또한 남한이 받아들일 수 있는 것 이상의 요구를 함으로써 정치 공세를 펴는 것이 아니냐는 인상을 줬다.

88올림픽은 미국이 정치적으로 이용한 1980년 모스크바올림픽, 그것에 맞서 소련이 대응한 1984년 LA올림픽에서 아주 고약하게 드러난 동서 냉전, 미국과 소련의 정치 싸움에서 벗어나 모처럼 동서 화합의 기회가 됐다는 점에서 큰 의의가 있었다. 그것에 남북 화합과 화해를 위한 남북 공동 올림픽을 개최하자는 주장은 서울올림픽의 의미를 한층 더 뜻있게 할 수 있었다. 또 남북 공동 올림픽을 열자는 주장은 당시 남북 관계를 새롭게 해야 한다는 점에서도 큰 의의가 있었다.

남북 공동 올림픽 개최는 그게 성사되느냐 안 되느냐를 떠나서 분단의 비극과 문제점을 대중에게 환기시키고 남북 협력과 화해 분위기를 고양시키며 한반도 평화에 기여할 수 있게 하는 측면이 있었다. 그 점은 분명하다. 상대방을 아무리 나쁘게 보더라도 남과 북은 자주 만나야 한다. 그리고 그 이후 1991년 세계탁구선수권대회와 세계청소년축구대회에 남북 단일팀이 출전했다. 1990년 10월에는 먼저 평양에서, 바로 이어 서울에서 남북통일축구대회가 개최되지 않았나.

— 1980년대 후반 통일 운동과 더불어 북한 바로 알기 운동이 활발하게 전개됐다. 이 시기에 전개된 통일 운동, 북한 바로 알기 운동의 역사적 의미를 모르지 않지만, 그럼에도 과연 북한에 대해 객관적으로 파악하려 했던 것일까 하는 의문이 드는 게 사실이다. 북한에 경도된 것 아닌가 하는 생각이 들게 하는 경우도 일

부 있는데, 이 시기 통일 운동과 북한 바로 알기 운동에 대해 평가할 때 그런 부분까지 포괄해 살펴야 하는 것 아닐까 싶다.

6월항쟁을 전후해 주사파가 등장하면서 급속히 세를 넓혀간 것으로 알고 있는데, 나는 주사파와 NL을 구분해서 봐야 한다고 생각한다. 주사파나 제헌 의회파는 도무지 이해가 안 가는, 비현실적인 주장들이 너무 많다. 하지만 주사파건 제헌 의회파건 한 시기에 상당히 긍정적인 역할을 했다는 것은 그것대로 인정해야 한다.

1988년 통일 운동이나 북한 바로 알기 운동은 주사파를 포함한 NL이 주도했다. 통일 운동에 대해서는 앞에서 얘기했지만, 나는 북한 바로 알기 운동이 대단히 중요한 역할을 했다고 본다. 북한 바로 알기 운동이 일어나기 전에 남쪽에서 북한 그리고 사회주의권의 실상을 접할 기회 자체를 너무나 극단적으로 차단한 점, 다시 말해 예술, 문화, 정치 등 모든 면에 걸쳐 아예 사실 자체를 아는 것을 극단적으로 통제했다는 점을 충분히 생각할 필요가 있다.

박정희나 전두환이 통치할 때에는 북한에 대해 사실을 얘기해도 처벌 대상이었다. 평양의 도시 모습도 알고 있으면 안 됐다. 심지어 북한에서 촬영한 금강산이나 백두산 천지 사진을 가지고 있어도 반공법, 국가보안법에 걸렸다. 역사학자들은 특히 북한의 역사학자들이 연구한 것을 알고 싶어 했다. 또 월북 작가들의 뛰어난 작품, 주로 일제 시기 작품들인데, 그러한 작품을 모르고 어떻게 문학을 얘기할 수 있겠나. 내가 북한에서 나온 여러 종류의 우리나라 통사를 복사본이지만 읽을 수 있었던 것도 이때였다. 얼마나 반가웠는지 모른다.

그런 점을 감안하면, 주사파의 문제점은 분명히 알고 있어야 하고 비판해야 하지만 전체적으로 보면 이 시기에 있었던 통일 운동,

북한 바로 알기 운동은 아주 중요한 역할을 했다고 볼 수 있다.

88올림픽과 북방 외교…
남북 관계에서 공세적 위치에 선 남한

—— 남북 공동 올림픽 개최 주장은 실현되지 않지 않았나.

어떻게 해서 88올림픽이 열리게 됐는가는 예전에 얘기한 바가 있는데, 1988년 9월 17일부터 10월 2일까지 열린 88올림픽은 참가국 문제에서 주목받았다. 1980년 모스크바올림픽에는 미국 등 서방 60여 개 국가가 불참했고 1984년 LA올림픽에는 소련을 위시해 동구권 18개 국가가 불참했다. 그러나 서울올림픽에는 북한, 알바니아, 니카라과, 쿠바 등 몇몇 나라를 제외하고 160개 국가가 참여했다. 보도진만 해도 인쇄 매체 취재 기자 3,864명, 사진 기자 533명, 외국 기자 4,297명 등 1만 5,293명에 이르렀다. 제24회 서울올림픽에서는 세계 신기록이 33개 나왔다. 금메달 55개를 획득한 소련이 종합 1위, 동독이 2위, 미국이 3위를 했고 한국은 서독보다도 많은 금메달 12개로 4위를 했다. 전두환 정권의 밀어주기 정책이 이런 결과를 낳았다. 서울올림픽은 한국전쟁, 1970년대 중후반의 박동선 미국 의회 로비 사건에 이어 한국을 세계에 알리는 계기가 됐다.

1986년에서 1988년까지 연평균 13퍼센트의 성장률을 기록하며 단군 이래 최대 호황이라는 말을 들을 정도로 경제 상황이 좋았던 것이 86아시안게임과 88올림픽을 뒷받침해줬다. 그와 함께 이 호경기는 노태우 정권의 북방 외교를 뒷받침하는 강력한 힘이 됐다.

88올림픽 성화 점화 모습. 서울올림픽은 한국전쟁,
1970년대 중후반의 박동선 미국 의회 로비 사건에 이어
한국을 세계에 알리는 계기가 됐다. 사진 출처: e영상역사관

도도한 민주화 물결

1989년 11월 23일 노태우가 동구권 수교 순방 중 헝가리 의회에서 연설하고 있다. 1989년 2월 1일 한국은 공산권 국가로는 최초로 헝가리와 수교했다. 사진 출처: e영상역사관

── 북방 외교, 어떻게 전개됐나.

7·7선언이 표면적으로 북한은 물론 사회주의 국가들과 관계 개선을 추구한다는 것을 내세웠지만 북한을 고립시키려는 북방 정책과 연계돼 있다고 앞에서 얘기하지 않았나. 이 선언 이틀 전인 1988년 7월 5일에 이미 노태우 정부는 유고슬라비아에 무역 사무소를 개설했다. 그해 9월에는 헝가리와 상주 대표부를 설치하기로 합의했다.

노태우 정권은 북방 외교를 펴는 데 있어 기막히게 운이 좋았다. 대호황기라는 점도 그랬고, 그뿐 아니라 이 시기는 동구권이 몰락할 때이자 이어서 소련이 붕괴할 때였다. 그래서 강력한 경제적인 뒷받침 아래 거액의 자금을 제공하면서 빨리빨리 동구, 소련과 관계를 맺을 수 있었다.

1992년 9월 29일 중국을 방문한 노태우가 장쩌민 국가주석과 악수를 하고 있다. 1992년 8월 한국은 베이징에서 중국과 수교 의정서를 교환하며 국교를 수립하고, 대만과 단교한다고 발표했다. 사진 출처: e영상역사관

1989년 2월 1일 한국은 공산권 국가로는 최초로 헝가리와 수교했다. 동유럽의 몰락과 변화 때문에, 그래서 냉전 체제가 무너져가고 있었기 때문에 일어난 일이지만, 그것은 남북 관계에서 남한이 공세적 위치에 섰음을 보여줬다. 이어서 그해 11월 폴란드와 대사급 수교를 했다. 1990년 10월에는 소련과도 수교했다. 여기에는 20억 달러가 넘는, 그 돈은 받을 수 없는 것이 거의 분명했는데, 차관이 한몫했다. 이 시기에 연이어 벌어진 동유럽 사회주의 체제 붕괴, 서독의 동독 흡수 통일, 소련 붕괴는 남한에 아주 유리한 환경을 조성했지만 북한에는 엄청난 고통을 안겨줬다. 한국이 중국과 수교하는 데에는 북한과 중국의 관계 때문에 시간이 걸렸다. 1992년 8월 한국은 베이징에서 중국과 수교 의정서를 교환하며 국교를 수립하고, 대만과 단교한

도도한 민주화 물결

다고 발표했다.

불가침과 상대방 실체 인정을 약속한
1991년 남북기본합의서

── 노태우 정권이 대외적으로 북방 외교를 통해 공산권 국가들과
수교하던 시기에 국내에서는 공안 정국이 조성되지 않았나.

통일 운동은 1989년에 들어와 문익환 목사 등의 방북으로 이어
졌고 그것은 공안 정국을 초래했다. 1989년 3월 문익환 목사가 방북
했고, 6월에는 전대협 대표로 임수경이 평양에서 열린 세계청년학생
축전에 참가했다. 또한 평화민주당 서경원 의원이 1988년에 방북한
사실이 1989년 6월에 드러났고, 작가 황석영도 1989년 상반기에 북
한을 방문했다.

이때에는 문 목사가 북한에 간 것에 대해 운동권에서 논란이 많
았는데, 2000년대에 들어와서 남북이 그전보다 폭넓게 왕래할 수 있
게 됐을 때 문 목사의 방북이 남북 화해와 통일에 다리를 놓는 데 얼
마나 크게 기여했는가를 피부로 느낄 수 있었다. 문 목사는 김일성을
두 차례 만나 북한이 분단을 고착화한다며 반대하는 교차 승인에 대
해 통일로 가는 과도기적인 차원에서 고려해야 한다고 주장하면서
남북 간 교류, 협력에 적극적이어야 한다고 역설했다. 남한 통일 운
동을 상징하는 문 목사와 북한 조국평화통일위원회 위원장 허담은
정치 군사적 대결의 종식, 다방면의 교류 노력, 연방제의 점진적 추
구 모색 등이 포함된 공동 성명서를 발표했다. 문 목사가 주장한 연

1989년 전대협 대표로 평양에서 열린 세계청년학생축전에 참가한 임수경.

방제의 '점진적 추구'는 국가 연합을 과도기 형태로 내포할 수 있어 남북 정부 간 접근에 대단히 의미 있는 통로를 열어놓았다.

　　임수경은 한 달 반 동안 머물면서 북한 주민들에게 환영을 받았다. 여러 행사장에서 거침없는 언변과 자유로운 행동, 꾸밈없는 옷차림으로 북한 주민들에게 깊은 인상을 남겼다. 임수경은 '통일의 꽃'으로 불렸다.

―　공안 정국 등 장애물이 만만치 않았지만, 그럼에도 남북 접촉 및 교류 움직임은 계속됐다.

　　1990년 8월 15일에는 범민족대회가 열렸다. 북한과 해외 인사들은 판문점에서 열었으나 남측은 판문점으로 가려고 했지만 경찰의 저지로 무산됐다. 그 후에도 범민족대회를 8월 15일에 북한과 해외

1989년 북한을 방문한 문익환 목사가 김일성 주석과 함께 있다.

대표들은 판문점에서, 남측은 서울의 대학 교내에서 가졌다. 이 대회
에는 전대협과 그 후신으로 1993년에 만들어진 한총련이 적극 참여
했다. 처음에는 재야 민주화 운동 단체도 참여했으나 나중에는 일부
만 참여했다.

　종교인들도 통일 운동과 남북 교류에 적극 참여했다. 개신교에
서는 한국기독교교회협의회KNCC가 주도했다. 민주화 운동에서 큰 역
할을 한 천주교 정의구현사제단도 통일 운동에 참여했다. 불교계 단
체들도 남북 화해와 통일을 위한 활동을 펼쳤다. 민족문학작가회의
는 1988년 남북 작가 회담 개최를 제안했다. 1990년 10월 평양에서
열린 범민족통일음악회에는 노태우 정부의 허가로 남쪽에서도 참여
했다. 그해 12월 서울에서 열린 송년통일전통음악회에는 북측도 참
여했다. 체육계 남북 교류는 앞에서 얘기했다.

　경제 교류도 급속이 이뤄졌다. 1989년에 시작된 셈인데 1989년

1992년 2월 20일 제6차 남북 고위급 회담 남측
대표 정원식 국무총리가 북한을 방문해 김일성 주석
등과 기념 촬영을 했다. 사진 출처: e영상역사관

도도한 민주화 물결

에 반입, 반출 합쳐 1,800만 달러 정도 규모였다. 1991년에는 1억 달러를 넘었고, 1997년에는 3억 달러를 넘었다.

노태우 정권이 승인한 인사 교류는 1989년에는 정주영 한 사람이었는데 1990년에는 183명이 북한에 갔다. 이러한 추세는 1991, 1992년에도 비슷했다. 홍석률 교수가 지적한 바와 같이 노태우 정부는 창구 단일화로 남북 교류를 탄압하고 차단했지만, 6월항쟁으로 불어온 동포 의식, 방북의 뜨거운 열기는 억압으로만은 감당이 안 됐다. 1990년에 남북 교류에 관한 특별법과 남북협력기금법이 공포된 것은 당시의 열풍을 짐작케 한다.

남북 관계는 1990년대에 들어와서 급진전됐다. 1991년 9월 남한과 북한은 동시에 UN에 각각 가입했다. 그해 12월 남북 고위급 본회담에서는 대한민국 정원식 국무총리와 조선민주주의인민공화국 연형묵 정무원 총리가 서명한 '남북 사이의 화해와 불가침 및 교류·협력에 관한 합의서'(남북기본합의서)를 채택했다.

남북한은 이 합의서에서 남북 관계를 '나라와 나라 사이의 관계가 아닌, 통일을 지향하는 과정에서 잠정적으로 형성된 특수 관계'로 규정하고 상대방의 국가적 실체는 인정하되 국가로는 승인하지 않기로 합의했다. 남북기본합의서는 상대방 체제의 인정과 존중, 내정 불간섭을 명시하고 불가침과 교류 협력에 관한 여러 사항을 규정했다.

남북기본합의서는 분단 후 남한과 북한이 공식 국가 명칭을 합의 문서에 표기한 첫 사례다. 1972년 7·4남북공동성명 당시 정식 국호도, 서명자들의 직책도 넣지 않고 "서로 상부의 뜻을 받들어 / 이후락 김영주"로 서명자 부분을 애매모호하게 처리했던 것과는 다른 모습이다.
합의서 채택 후 북한은 "중앙인민위원회와 최고인민회의 상설회의 연합회의의 심의를 거쳐 국가수반인 김일성"이 비준했다. 이와 달리 남한에서는 국회의 비준 동의 절차를 거치지 않고 노태우 대통령 재가로 비준 절차를 마무리했다. 총선(1992년 3월)을 앞둔 시기라는 점 등 국내 정치 상황에서 비롯된 결과였다.

핵 문제, 김일성 사망, 전쟁 위기…
일촉즉발 한반도

―― 남북기본합의서 체결 후에도 남북 관계는 숱한 역풍을 맞았다. 이동복의 훈령 조작 사건(1992년)에서 분명하게 드러난 국내 수구 세력의 반발, 북핵 문제로 촉발된 한반도 전쟁 위기 그리고 김일성 사망과 김영삼-김일성 정상 회담 무산(1994년), 북한 붕괴론 확산과 북한의 이른바 고난의 행군 등의 상황이 이어지면서 남북 관계는 부침을 거듭했다.

1991년 미국과 남한, 북한에서 핵 문제와 관련해 큰 진전이 있었다. 북한은 1985년 핵무기확산방지조약NPT에 가입했다. 학생 운동권은 1986년부터 반전, 반핵을 주요 이슈로 내걸고 주된 구호의 하나로 외쳤다. 이때 반핵은 남한에 있는 핵무기를 철거하라는 주장과 다름없었다. 1991년 11월 5일 노태우는 '한반도의 비핵화와 평화 구축을 위한 선언'을 발표해 핵연료 재처리 및 핵 농축 시설을 보유하지 않겠다고 밝혔다. 11월 25일 북한은 "미국이 남한으로부터 핵무기 철수를 시작하면 북한은 핵 안전 협정에 서명한다", "남한에서 미국 핵무기의 존재 여부를 확인하기 위한 사찰과 북한의 핵 시설에 대한 사찰을 동시에 진행한다" 등 핵 안전 협정 체결 문제와 관련한 4개 항을 발표했다. 12월 22일에는 핵 안전 협정 서명과 핵 사찰 수용을 북한이 발표했다. 그리고 남한과 북한은 12월 31일 '한(조선)반도 비핵화에 관한 공동 선언'에 합의했다. "남과 북은 핵무기를 시험·제조·생산·접수·보유·저장·배비配備·사용하지 않는다"고 합의했다. 핵 문제에 이렇게 큰 진전이 이뤄진 것은 1991년 미국이 한반도에서 다량의 핵무기를 철거했기 때문이었다.

그러나 남한이 소련과 국교를 맺은 것에 이어 1992년 8월 중국과 국교를 맺은 것은 북한으로 하여금 핵무장 쪽으로 가게 했다. 남의 미국·한국·일본 3각 안보 관계는 군건한데 북의 북한·중국·소련 3각 안보 관계가 큰 균열이 생겨 북한이 단독으로 미국과 맞서게 됨에 따라 북한 체제가 결정적 위협을 받을 수 있다고 단정한 것이다.

북한 핵 문제는 북미 관계를 일촉즉발의 전쟁 상태로까지 몰고 갔으나, 1994년 카터 전 미국 대통령이 북한에 가서 북미 핵 협상을 주선했다. 카터는 남북 정상 회담도 이끌어냈으나 김일성이 사망해 성사는 되지 못했다. 김일성 사망은 남북 관계를 개선하는 데 활용될 수 있었으나, 김영삼 정권의 반공 정책으로 조문 파동만 남겼다.

10월 21일 제네바에서 북한과 미국은 북한이 핵 개발을 중지하고 핵 사찰을 받는 대신 미국이 북한의 체제 안전을 보장하고 경수로 발전소를 지어준다는 데 합의함으로써 가까스로 파국을 막았다.

새천년 첫해에 이뤄진 '세기의 만남'
손을 맞잡은 김대중과 김정일

── 그런 가운데 남한에서 처음으로 정권 교체가 이뤄지고 김대중 정부가 출범하면서 남북 관계에 큰 변화가 생겼다. 그리고 그 정점에는 '세기의 만남'으로 불린 남북 정상 회담이 있었다.

1998년 김대중 정부가 들어선 후 남북 관계는 급격히 호전됐다. 새로운 전기를 만드는 데 현대 그룹 총수 정주영이 큰 기여를 했다.

1998년 6월 16일 현대 그룹 명예회장 정주영이 소 500마리를 끌고 판문점을 넘었다. 정주영은 남북 관계가 급격히 호전되는 데 큰 기여를 했다. 사진 출처: e영상역사관

1998년 6월 정주영은 소 500마리를 끌고 판문점을 넘었다. 10월에는 소 501마리와 현대 자동차를 가지고 판문점을 넘어갔다. 그해 11월 18일, 드디어 금강산 관광선이 닻을 올렸다. 이날 관광객 826명 등 1,418명을 태운 배가 동해안에서 금강산을 향해 북한의 장전항으로 떠났다.

세기의 만남은 새천년 벽두에 이뤄졌다. 한반도에 두 정부가 들어선 후 남북 관계와 현대사를 새 출발하게 한 남북 두 정상의 만남이었다. 새천년이 시작된 지 불과 석 달밖에 안 지난 2000년 4월 10일 통일부 장관 박재규와 문화관광부 장관 박지원은 "김정일 국방위원장의 초청에 따라 김대중 대통령이 6월 12일부터 14일까지 평양을 방문한다"고 발표했다. 김대중이 온갖 어려움을 무릅쓰고 꾸진히 추진한 남북 정상 회담이 드디어 결실을 맺게 된 것이다. 정상 회담을

도도한 민주화 물결

이틀 앞둔 6월 10일 북측이 갑자기 요구해와 일정을 하루 연기했다. 대단한 결례였으나 남측은 '김정일 위원장이 공항 영접을 하겠다'는 신호로 받아들였다.

── 정상 회담, 어떻게 진행됐나.

2000년 6월 13일 9시 15분 성남공항을 떠난 공군 1호기는 10시 27분 평양 순안공항에 도착했다. 김정일이 걸어오고 있었다. 파격적인 출현이었다. 트랩 위에서 북녘 땅을 바라본 김대중은 이렇게 썼다. "북한의 조국 강산을 처음 보는 심정은 감개무량했다. 울컥울컥 뜨거운 것이 올라왔다." 예상치 못한 일은 그 후에도 있었다. 의장대 사열이 끝난 뒤 차에 오를 때 김정일이 김대중과 함께 차에 탄 것이었다. 세계 언론은 두 사람이 손을 맞잡을 때부터 주시했다. 서울에 마련된 프레스 센터에 있던 170여 국가 외신 기자 500여 명을 포함해 1,200여 명의 기자들이 일제히 일어나 손뼉을 쳤다.

두 정상의 만남을 보면서 국정원장 임동원은 마음이 편치 않았다. 김일성 유해가 안치된 금수산궁전에 가야 한다는 문제 때문이었다. 임동원은 왜 그곳에 가서는 안 되는지를 간곡히 쓴 메시지를 김정일에게 보냈다. 결국 북측이 '정상 회담 전에 실시해야 한다'고 주장했던 금수산궁전 방문은 하지 않아도 됐다.

임동원을 괴롭힌 또 한 가지는 북측이 조선일보와 KBS에 대해 사죄와 배상을 하지 않으면 안 된다고 요구한 것이다. 배상으로 각각 현금 200만 달러 또는 TV 2만 대씩을 제공하라는 것이었다. 남측은 '사죄 및 배상 절대 불가'였다. 그러자 북측은 조선일보 기자단과 KBS 기자단 4명의 입국을 불허하며, 입국하면 즉각 추방하겠다고 통

2000년 6월 13일 손을 맞잡은 김대중 대통령과
김정일 국방위원장. 사진 출처: e영상역사관

보했다. 임동원은 대남 담당 비서 김용순에게 그렇게 하면 서울에서 취재할 1,300명의 내외 기자들이 북한에 대해 좋지 않은 기사를 쓸 것이라며 철회를 요청하는 긴급 메시지를 보냈다. 6월 13일 성남공항 이륙 10분 전 '평양에서 협의하자'는 짧은 메시지를 받았고, 순안공항에 도착하자 김용순이 다가와 더 이상 시비하지 않겠다고 말했다.

임동원에게 훨씬 더 큰 난제는 남북 공동 선언문에 합의하는 문제였다. 그것에 대해서는 6월 3일 평양을 방문해 김정일과 많은 대화를 통해 의견을 교환했다.

공동 선언 둘러싼 남과 북의 이견
김정일, "미군 주둔 반대 안 한다"

── 6월 14일 회담, 어떻게 전개됐나.

방북 2일째인 6월 14일 오후 3시부터 7시까지 남북 정상 회담이 백화원 영빈관 회의실에서 열렸다. 남측에서는 임동원 등 3명이 배석했으나 북측에서는 김용순만 배석했다. 첫 번째 의제는 화해와 통일 문제였다. 김대중은 통일을 점진적, 단계적으로 추진해야 하며 그러기 위해 남북 연합을 제도화하자고 제의했다. 김정일은 남측의 연합제가 합리적이고 현실적이며 실천 가능한 방안임을 인정하지만 '낮은 단계의 연방제'라는 용어로 합의하자고 나왔다. '낮은 단계의 연방제'는 문익환으로부터 영향을 받았을 것이다.

김대중은 김정일의 서울 방문을 합의문에 명시하자고 제의했지만 김정일은 난색을 표했다. 임동원이 '편리한 시기'에 방문한다고

2000년 6월 14일 남북 두 정상이 6·15 남북 공동 선언에 합의했다. 사진 출처: e영상역사관

하면 좋겠다고 말했다. 나중에 '편리한 시기'는 '적절한 시기'로 수정됐다.

대화 도중 김정일이 남측이 굉장히 반길 만한 발언을 했다. 미군 주둔을 반대하지 않는다는 얘기였다. 김대중이 그렇다면 왜 언론 매체를 통해 미군 철수를 주장하느냐고 묻자 김정일은 "우리 인민들의 감정을 달래기 위한 것"이라고 답변했다. 김정일의 이 발언을 남한에서는 북한도 미군 주둔을 반대하지 않는다고 단순화해서 얘기하지만, 김정일의 발언은 잘 새겨들어야 한다. 미군의 지위와 역할이 바뀌어 북한에 적대적이지 않아야 한다는 것이다. 미국이 받아들이기 아주 어려운 내용이 핵심인 것이다. 미군은 북한을 경계하고 적으로 보면서 그것에 곁들여 중국 포위 정책의 일환으로 주둔하고 있는데, 남북이 전쟁하지 않도록 평화 유지군으로서 역할을 해야 한다고 선을 그은 것이다. 이 문제는 평화 협정과 연결돼 있다.

서명을 누가 하느냐도 문제였다. 7·4공동성명은 '상부의 뜻을 받들어' 이후락과 김영주가 서명했다. 김정일이 그것과 비슷하게 임동원, 김용순이 서명, 북한에서는 수표라고 부르는데, 서명하는 것이 좋겠다고 제안했다. 김대중은 섭섭했다. 다시 임동원이 나서서 '두 분 직함과 이름이 반드시 들어가야 한다'고 주장했다. 저녁 7시경 역사적인 정상 회담이 종료됐다. 합의 날짜는 다음 날인 6월 15일로 하되, 조간 신문에 나가야 하니까 6월 14일 저녁에 발표하기로 했다. 만찬 진행 중 임동원과 김용순은 남북 공동 선언문을 가져왔다. 이날 밤 만찬의 피날레는 예정에 없던 고은의 시 낭송으로 장식됐다.

한반도 평화와 통일을 향한
거대한 초석을 놓다

── 남북 정상 회담은 적잖은 사람들의 북한 인식에 상당한 변화를 가져오지 않았나.

6월 13일부터 15일까지 TV에 매달렸던 남한 사람들은 북한과 김정일에 대한 인식이 많이 바뀌었다. 사실 남한 주민들은 반세기 동안 김일성 가짜설을 믿어왔다. 한때 99.9퍼센트가 김일성은 가짜라는 믿음을 갖지 않았을까 싶다. 1970년대에 초중고 교실과 복도 곳곳에서 김일성은 혹 달린 괴물이었고 흡혈귀처럼 그려지기도 했다. 그 시기 적잖은 사람들에게 북한은 사람이 살 수 없거나 살지 않는, 이리 떼 같은 것이 사는 땅으로 비쳤다.

김정일에 대해서도 이상한 선입견이 있었다. 능력이 없는데도

6·15 남북 공동 선언

조국의 평화적 통일을 염원하는 온 겨레의 숭고한 뜻에 따라 대한민국 김대중 대통령과 조선민주주의인민공화국 김정일 국방위원장은 2000년 6월 13일부터 6월 15일까지 평양에서 역사적인 상봉을 하였으며 정상 회담을 가졌다.

남북 정상은 분단 역사상 최초로 열린 이번 상봉과 회담이 서로 이해를 증진시키고 남북 관계를 발전시키며 평화 통일을 실현하는 데 중대한 의의를 갖는다고 평가하고 다음과 같이 선언한다.

1. 남과 북은 나라의 통일 문제를 그 주인인 우리 민족끼리 서로 힘을 합쳐 자주적으로 해결해 나가기로 하였다.
2. 남과 북은 나라의 통일을 위한 남측의 연합제 안과 북측의 낮은 단계의 연방제 안이 서로 공통점이 있다고 인정하고 앞으로 이 방향에서 통일을 지향해 나가기로 하였다.
3. 남과 북은 올해 8·15에 흩어진 가족, 친척 방문단을 교환하며 비전향 장기수 문제를 해결하는 등 인도적 문제를 조속히 풀어나가기로 하였다.
4. 남과 북은 경제 협력을 통하여 민족 경제를 균형적으로 발전시키고 사회, 문화, 체육, 보건, 환경 등 제반 분야의 협력과 교류를 활성화하여 서로의 신뢰를 다져 나가기로 하였다.
5. 남과 북은 이상과 같은 합의 사항을 조속히 실천에 옮기기 위하여 빠른 시일 안에 당국 사이의 대화를 개최하기로 하였다. 김대중 대통령은 김정일 국방위원장이 서울을 방문하도록 정중히 초청하였으며 김정일 국방위원장은 앞으로 적절한 시기에 서울을 방문하기로 하였다.

2000년 6월 15일

대한민국 대통령 김대중

조선민주주의인민공화국 국방위원장 김정일

권력을 세습해 백성을 굶주리게 하고 공포 정치를 펴는 독재자라는 이미지가 그것이다. 성격이 음험하고 충동적이고 잔인하며 밤마다 '기쁨조'에 둘러싸여 방탕한 생활을 하는, 제멋대로 사는 독재자라는 인상도 있었다.

그러나 2000년 6월 TV에 비친 김정일은 그런 사람이 아니었다. 정상적인 인간이었고 뛰어난 리더십과 유머 감각을 갖춘 사람으로 비쳤다. 임동원이 곁에서 지켜본 김정일은 장기간 지도자 수련을 거친 사람답게 견식 있고 총명하며 카리스마가 있고 다소 안하무인적이지만 솔직하게 자기 생각도 이야기하는 지도자였는데, TV를 본 사람들 가운데에는 임동원과 비슷한 생각을 가진 사람들도 있었다. 물론 많은 남한 주민들에게 김정일의 부정적인 인상은 여전했지만, 백문이 불여일견이라는 말처럼 많은 변화를 가져온 것도 사실이다.

6·15 남북 공동 선언은 근현대사에서 역사적 의의가 굉장히 큰 문서다. 나는 《서중석의 현대사 이야기》 1권에서 여운형과 김규식의 좌우 합작 운동이 주체적으로 해방을 맞은 한반도가 가야 할 길이었다고 역설했는데, 이 공동 선언을 옮기는 것으로 20권을 끝맺고자 한다.

— 남은 문제는 실천이었다. 그런 의미에서 남북 공동 선언 채택은 또 다른 시작이었다.

6월 15일 오찬장에서 김정일은 남북의 적대감을 해소하는 것이 중요하다고 얘기하고, 그 자리에서 "인민군 총사령관으로서 오늘 12시부로 전방에서 대남 비방 방송을 중지할 것을 명령했다"고 발표했다. 다음 날 남측도 동일한 조치를 취함으로써 쌍방 간 상호 비방 방송이 중단됐다. 6·15 남북 공동 선언이 거둔 첫 번째 가시적 성과로서 의의가 컸는데, 열흘 있으면 한국전쟁 50주년이 된다는 점에서 한층 더 뜻깊은 조치였다. 6월 15일 오후 5시 24분 김대중 대통령 일행은 한반도 역사에 길이 남을 획을 긋고 성남공항에 내렸다.

두 달 후인 8월 15일, 공동 성명에 따라 남북 이산가족 방문단이 교환됐다. 9월에는 비전향 장기수 63명이 북한으로 갔고, 임진강에서 경의선 복원 기공식이 열렸다. 1947년 11월 14일 분단 정부로서 대한민국 정부 수립의 초석을 놓은 유엔 총회는 2000년 10월 31일 남북 정상 회담과 6·15 공동 선언을 환영하고 지지하는 결의안을 만장일치로 통과시켰다.

한반도 평화를 위해서는 북미 관계가 굉장히 중요했는데 여기에도 돌파구가 생겼다. 10월 9일 북한 국방위원회 제1부위원장 조명록이 미국을 방문했다. 10월 23일에는 미국 국무부 장관 올브라이트가 평양을 방문해 김정일과 포옹했다. 클린턴 미국 대통령은 북한을 방문하고 싶어 했지만 임기 말이었고 중동 평화 협상 문제가 겹쳐 방북을 포기했다. 클린턴은 김정일을 워싱턴으로 초청했다. 어느 것이나 모두 놀라운 사태의 진전이었다. 그렇지만 미국 대통령 선거에서 공화당의 조지 부시가 당선되면서 어두운 그림자가 드리웠다. 10월 13일 노벨위원회는 김대중을 노벨상 수상자로 발표했다.

2000년 남북 정상 회담은 남한과 북한 주민들의 이해와 화합, 협력과 한반도 평화, 나아가 통일을 향한 거대한 초석을 놓았다. 그뿐 아니라 사상과 양심의 자유, 학문의 자유도 넓혔다.

나가는 말

　《서중석의 현대사 이야기》 시리즈를 다시 독자 여러분 앞에 내놓습니다. 이번에 내놓는 18~20권의 핵심 사안은 6월항쟁입니다. '서중석의 현대사 이야기' 연재 가운데 2016년 12월부터 2017년 4월까지 '6월항쟁'이라는 주제로 프레시안에 실린 것들 중 일부의 내용을 더 충실히 하고 새롭게 구성한 결과물입니다.

　18~20권을 끝으로 이 시리즈 출간은 막을 내립니다. 시리즈의 출발점인 '서중석의 현대사 이야기' 연재 첫 번째 기사를 내보낸 2013년 8월 이후 6년 3개월 만입니다. 박근혜 정권이 출범한 그해 여름 첫걸음을 내디뎠는데, 어느새 2010년대의 끝자락을 마주하게 됐습니다.

　그 사이에 많은 일이 있었습니다. 촛불 항쟁, 탄핵 등 굵직한 정치적 사건도 여럿 발생했습니다. 많은 이들에게 한국 현대사를 돌아보게 하고 역사의 무게를 다시 생각하게 하는 시간이었습니다. 그 시간 동안, 그러한 분들과 함께한다는 마음으로 이 시리즈를 진행했습니다. 그간 이 시리즈와 함께해주신 독자 여러분께 감사 인사를 올립니다.

2019년 12월
김덕련

서중석의 현대사 이야기⑳

초판 1쇄 펴낸날 2020년 1월 1일

지은이	서중석 김덕련
펴낸이	박재영
편집	이정신 임세현
마케팅	김민수
디자인	당나귀점프
제작	제이오

펴낸곳	도서출판 오월의봄
주소	경기도 파주시 회동길 363-15 201호
등록	제406-2010-000111호
전화	070-7704-2131
팩스	0505-300-0518

이메일	maybook05@naver.com
트위터	@oohbom
블로그	blog.naver.com/maybook05
페이스북	facebook.com/maybook05
인스타그램	instagram.com/maybooks_05

ISBN	979-11-90422-09-3 04900
	978-89-97889-56-3 (세트)

이 도서의 국립중앙도서관 출판시도서목록(CIP)은 e-CIP홈페이지(http://nl.go.kr/ecip)와
국가자료공동목록시스템(http://www.nl.go.kr/kolisnet)에서 이용하실 수 있습니다.
(CIP 제어번호 : CIP2019051377)

• 책값은 뒤표지에 있습니다. 잘못된 책은 바꾸어 드립니다.

이 책에 실린 사진은 저작권을 가지고 있는 분들과 기관의 허락을 받아 게재했습니다.
저작권자를 찾지 못하여 게재 허가를 받지 못한 일부 사진은 저작권자가 확인되는 대로
게재 허락을 받고 통산 기준에 따라 사용료를 지불하겠습니다.